「プロジェクト型課題解決学習」（ＰＢＬ）進化論

大学教授よ、書を捨てよ、街へ出よう

Evolution Theory on Project-based Learning

山口学芸大学教授
福屋利信

太陽出版

『書を捨てよ、町へ出よう』
寺山修司／角川文庫

はじめに
最も進化したPBL「山口モデル」とは

昭和42年（１９６７年）に寺山修司の『書を捨てよ、町へ出よう』が横尾忠則の強烈なインパクトの表紙画とともに世に出た。私は、１９７０年代に入って、林静一の魅力的な表紙画が印象的だった角川文庫版で、遅ればせながらではあるがその書との衝撃的な出会いを果たした。それは、冒頭の一文からして、従来の日本人の価値観を根底からくつがえすものだった。

ぼくは速さにあこがれる。ウサギは好きだがカメはきらいだ。
ところが、親父たちはカメに見習えというのだ。カメの実直さと勤勉さ、そして何よりも「家」を背中にくっつけた不格好で誠実そうな形態が、親父たちの気

に入るのだろう。

もともと親父たちにとって速度は敵だったのだ。

その頃、私は24歳で、「家」を出て上京し、矢吹丈（『明日のジョー』の主人公）とジョン・レノンを神と仰ぎつつ生活を送っていた。この二人のアイデンティティは速度だったと思う。彼らの生き急ぐかのような疾走感に私は憧れた。そして、銀座みゆき通りから少し奥に入ったところにある「ルパン」というバー（太宰治がカウンターに腰かけ誰かに語りかけているかのようなあの有名な写真が撮影された場所）で、寺山修司が「捨てよ」と言い放った「書」について熱っぽく語っていた。

当時は、ほぼ毎日、数人で色んな飲み屋に繰り出していたのだったが、誰が支払っていたのか今でも謎だ。割り勘では絶対になかったし、さりとて、店のオーナーが「出世払いだよ」と言ってくれた記憶もない。何とも不思議な話だが、「昭和」とは、そういう時代だった……。

時は流れて、「ルパン」を再訪したのは、平成2年（1990年）、バブル景気に日本中が浮かれていた最中だった。銀座の表通りは、ソフトスーツを着た地上げ屋と1万円札を高く翳して夕クシーを止めようとする（基本料金でも1万円払うよとの意思表示）怪しげな自称社長たちで溢れかえっていた。

東京23区の地価を合算すれば、アメリカ全土が買えるという、俄かには信じがたい試算が発表されたのもその頃だ。「平成」は、こうした浮かれた社会風潮とともに始まった……。

裏通りに位置する「ルパン」は、そんなバブル景気の中でも、凛として自らのポジションを守ろうとしているかのようだった。私は、39歳になっていて、通信教育によって大学で勉強し始めたばかりだった。

そう言えば私も、世の流れとは無縁だった。だから、あの薄暗い場所に、吸い込まれるように足が向いたのだろうか。

さらに時はうつろい、令和元年（２０１９年）、ほぼ30年ぶりに、「ルパン」の地下階段を降りて行った。「令和」は、どんな時代になるのかと思いつつ……。

昭和3年（１９２８年）創業のこのバーの壁は、一層くすんだ色合いを増していたが、それがさらなるレトロ感を醸し出していた。昔からシェイカーを振り続けるバーテンダーは、いい感じで歳を重ねていたし、昔の文学少女たちも、それなりに品の良いマダムとなってカウンターでカクテルグラスを傾けていた。

この「令和」の「ルパン再再訪」の1か月後、小栗旬が太宰治を演じた映画『人間失格：太宰治と3人の女たち』が封切られた。これを機に、日本の代表的無頼派文豪にスポットが当たり、太宰ファンの巡礼地の一つである「ルパン」への注目度も増し、願わくば、創業百周年をつつがなく迎えてくれると嬉しい。

しかし、真の「ルパン」ファンは、「そんな映画なんてなくても、ルパンは永遠だよ！」と高言するはずだ。太宰の他にも泉鏡花、菊池寛、川端康成、永井荷風、林芙美子などの文豪が集ったレジェンド的存在のバーは、銀座の柳のように、どんな時代の風をも受け流して、飄々と生き残るのだろう。

時間軸をぐんと手元に手繰り寄せて、私の現況を語ってみよう。人より20年遅く大学に行った割には、学士、修士、博士と順調に学位が取れて、地元の山口大学に職を得て、教授として67歳まで働き、何とか職務を全うした。

今は山口学芸大学教授、梅光学院大学客員教授として勤務しつつ、山口県政策企画課が主宰する「プロジェクト型課題解決学習」(Project-based Learning: ＰＢＬ) の推進事業に携わっている。

日本社会に突然出現したこの新たな学習形態は、生徒や学生が社会の課題解決に取り組む過程で、彼らに知識を行動に移していく能力(知恵と言っても良いし、コンピテンシーと横文字にしてもいい)を養って貰おうとするものだ。

本書は、そのＰＢＬを中心に、私がこれまで企画・実践してきた地域社会での活動をまとめ上げたものである。そして、本書の目的は、これから紹介する山口から発信するＰＢＬモデル（我々はこれを「山口モデル」と呼ぶ）こそが、日本で最も進化したＰＢＬなのだと全国へ伝えることにある。

そこで、本のタイトルをどうするかで、悩んでいたとき、先述の２０１９年の「ルパン再再訪」で思いついたのが、寺山修司の『書を捨てよ、町へ出よう』をもじった『大学教授よ、書を捨てよ、街へ出よう』であった。

「町」を「街」に変えた理由は、「町」が持つ語感が穏やかな日常を連想させるのに対して、「街」のそれは、ストリートの疾走感を連想させてくれると勝手に思ったからだ。

ついでだが、もともと本など読まない学生諸君には、「学生よ、スマホを捨てよ、街へ出よう」と言いたいところだ。現役最高齢のラジオディレクター羽根章夫も、以下のように言っている。

ネットは便利だと思うけど、その情報だけで終わっていてはダメだ。むしろ、

せっかく情報が入るのだから、そこから先、それをどう生かすかで、他人との差が出てくる。[2]

矢吹丈は東京・山谷のドヤ街のバックストリートから、ジョン・レノンはリヴァプールの薄暗いマシューストリートから、物凄い「速度」で世界の頂を目指した。昔から、大衆文化は、ストリートの持つエナジーを触媒にして街と人が化学反応を起こしつつ発展してきたではないかと、ここは毅然と言い切ってしまおう。

私も山口県周南市ＰＨストリートに開設したばかりの自身のオフィスSmall Town Talkから、何かを仕掛けてみたい。時間の経過とともにゆっくりと酸化して錆びついてしまうのではなく、最後は、急速に酸化して燃えつきて終わりたいのだ。速度は、私たちの敵ではなく味方だったはずだ。ちなみに私はウサギ年生まれだ。

加えて、この本は、現在闘病中の妻に捧げる。「家」が象徴する「安定した家庭生活」を捨てて、43歳でいきなり「大学教授を目指して大学院に行く」と告げた私の無謀な決断を、二つ返事で後押ししてくれた妻の理解があったからこそ、今日の私が存在する。ともに「昭和」、「平成」を生き抜いて、これからも「令和」を生きていくのだ。

病気のせいで体調がすぐれなくても、私に心配をかけまいとして無理に作る彼女の齢（よわい）を重ねた笑顔は、出会った頃のはち切れるような若い笑顔より、何倍もきれいだと思ったりもする。

1 寺山修司『書を捨てよ、町へ出よう』（角川文庫、1975）6。
2 羽根章夫『スマホを捨てよ、街へ出よう』（ユーフォーブックス、2017）139。

目次

第1章

「プロジェクト型課題解決学習」（PBL）の定義と「書」を捨てることの真意

●「地域社会への貢献」という大学教員のもう一つの使命

研究者にとって、「書」は生命線であり、「書」なしでは研究活動は成立しない。それは理系であろうと文系であろうと同じである。だから本書では、「大学教授よ、『書』を読むな！」などと馬鹿げた主張をするつもりは微塵もない。それどころか、多くの「書」を読み重ね、先行研究をしっかりと掌握し、やがてはそこにオリジナリティを加えて、自身の「書」を上梓することこそが、研究者の為し得る最大の社会貢献であり、最良の成果物（deliverables）の一つだと確信する。

加えて、教育活動においても、他人の「書」に頼らず自身の「書」を教材として学生に知識を「教え授ける」ことは、「教授」のあるべき姿とも思っている。ゆえに、私もここ十年くらい、年に一冊ペースで自身の「書」を上梓し、それらを教材として、常に学生に新たな知識と知恵を授けようとしてきた。

しかし、昨今の大学教員には、もう一つの使命（mission）が課されはじめている。他ならぬ「地域社会への貢献」がそれである。もともと社会性というものを自身のＤＮＡとして有していない人が多い大学教員の中には、この使命が頭痛の種の人が結構いる。「そんなことをやるために研究者になったんじゃない！」と、あからさまに批判する者もいる。私としては、その気持ちは分からなくはない。しかし、文部科学省は、そういう教員の存在などまったく無視して、地域貢献を果たすためのアクティブラーニングの重要性を説く。そして、それを以下のように定義している。

教員による一方的な講義形式の教育とは異なり、学修者の能動的な学修への参加を取り入れた教授・学習法の総称。学修者が能動的に学修することによって、

認知的・倫理的・社会的能力、教養、知識、経験を含めた汎用的能力の育成を図る。発見学習、問題解決学習、体験学習、調査学習等が含まれるが、教室内でのグループ・ディスカッション、ディベート、グループ・ワーク等も有効なアクティブラーニングの方法である。[1]

さらに、文部科学省は2020年度から始めようとするの学習指導要綱案でも、「主体的・対話的で深い学び」の重要性を強調した。どうやら、彼らは本気のようだ。このような流れの中で、アクティブラーニングの有力な手法の一つとして注目されているのが「プロジェクト型課題解決学習」（PBL）である。ちなみに、三重大学高等教育創造開発センターは、PBLの基本条件を以下のように定めている。

・学生は自己学習と少人数のグループ学習を行う。
・問題との出会い、解決すべき課題の発見、学習による知識の獲得、討論を通じた思考の深化、問題解決という学習過程を経た学習を行う。
・事例のシナリオ等を通じて、現実的・具体的で身近に感じられる問題を取り上げる。
・学習は、学生による自己決定的で能動的な学習により進行する。
・教員はファシリテーター（学習支援者）の役割を果たす。
・学生による自己省察を促し、能動的な学習の過程と結果を把握する評価方法を使用する。[2]

三重大学はＰＢＬを「問題解決型学習」（Problem-based Learning：カナダのマックマスター大学で開発された学習法で、課題は仮想空間におけるシミュレーションをもとにした自己発見型）と捉えているので、「プロジェクト型課題解決学習」（Project-based Learning：アメリカの教育学者のジョン・デューイの学習理論で、課題は現実空間における社会ニーズ重視型）と捉える私とでは、スタンスの違いがある。しかし、ＰＢＬの定義としてはおおむね同意できる。上記の「グループ学習」を「プロジェクト学習」に、「学習による知識の獲得」を「フィールドワークを中心にした活動による知恵の獲得」に、「解決すべき課題の発見」を「社会のニーズに基づいた課題への主体的アプローチ」に、「事例のシナリオ等」を「現実に起きている事象」に変えれば、ほぼ私の指向する「プロジェクト型課題解決学習」の定義に重なる。

私が第6章で述べる「山口モデル」ＰＢＬは、各プロジェクトが地域の企業・自治体と提携し、活動資金提供を受け、正式契約（知的財産権、保険、活動期間等を含む）を結び、最終成果を出すことを必須条件としている。課題解決の過程が学生にとって学びの場になることを前提とするのは当然だが、資金提供を受けている以上、一定の成果は当然求められる。

加えて、大学だけで人材を育てられるという時代はもう終わったとも考える。地域社会を構成する地域の企業や自治体とともに人材を育てる「共育」の概念が、「山口モデル」の根幹を成しており、現在の日本で最も進化した「プロジェクト型課題解決学習」だと自負している。

また、「山口モデル」では、厳しい現実の壁にぶち当たることも多い（実は、これこそが「山口モデル」の神髄であり、それを克服する力を養成することも教育上の波及効果と捉える）。そこでは、「書」から学んだ知識に固執していると直面した現実を克服できない。克服するには、いったん「書を捨て」、現実と真摯に対峙し、それを克服する創造性豊かな知恵を絞りださなければならない。

現実社会では妥協も知恵の一つだ。活動予算内でできることは限られているが、その制約の中での「最適解」（optimal solution）を目指さなければならない。「山口モデル」は、「理想解」（ideal solution）より「現実解」（reality）を追及する。

プロスポーツの世界では、試合前、相手を徹底的に研究する。そしてそこから得られたデータを基点に死ぬほど練習をする。戦法のシミュレーションは、頭に叩き込むというよりは血肉に染み込ませておくレベルが要求される。

しかし、現実に試合に臨む前には、事前に準備したデータなりシミュレーションなりは、一度かなぐり捨てて頭を空っぽにし、相手から受けるプレッシャーや目力や雰囲気から、即座に相手のリアルタイム（現実空間）の力量を判断しようとする。そうしなければ、相手に勝つのは難しい。それでなければ、相手の力量がデータやシミュレーションより勝っていたとき、パニック状態に陥り、立てた戦法が空回りし、実力の半分も発揮できないというようなことが起こり得る。幸運にも相手の力量がデータ分析通りだったら、構築したシミュレーションを復活させればよいだけだ。血肉に染み込ませておいた戦法は、すぐに意識と身体の中に甦る。

ゆえに私は、フィールドワークの前には、ファシリテーター（支援者）である教員には、「書」を読み込んだ上であえて「書を捨てよ！」と言い、プレーヤーである学生には、スマホで既知情報を得た上であえて「スマホを捨てよ！」と言いたいのだ。

重ねて言おう。「書」や「スマホ」から得られたものは、全能ではないのだ。現実社会、すなわち「街」に出たとき、一番頼りになるのは、情報（information）

2017年に開催したシンポジウムのチラシ。「山口で何をやらかすの？」という刺激的なタイトルをつけた。

ではなく直感（intuition）であり、知識（knowledge）ではなく知恵（wisdom）である。PBLの進化形である「山口モデル」により地域社会に変革（innovation）を起こすそうとするとき、「直感と知恵」こそが頼りがいのあるツールだと主張したい。私が本書のタイトル『大学教授よ、書を捨てよ、街へ出よう』に込めた真意は、このような徹底した実際主義（pragmatism）に依拠する。

ちなみに、この「山口モデル」によるPBLのシンポジウムを開催した際、そのタイトルは、「山口で何をやらかすの？」とした。このタイトルの「やらかす」に付与された最近の意味拡張（semantic extension）を学生は直感的に理解した。若者の間では、「やらかす」とは、「イノベーション」を起こすことと同義なのだ。教員の中にはその意味拡張を理解できない者も少なからずいた。そういう人たちにここでの語感重視の意味拡張を説明するのはなかなか難しい。彼らは直感の存在なんて信じてはいないからだ。

PBLは、着想（inspiration）を発案（ideation）に転換していく学習形態であり、教員から知識を伝授される受動的な学びの場ではなく、学生の主体的で能動的な学びの場である。そこでは、時代を捉える「センス」も必要になる。ＰＢＬでは、教員はプロジェクトの牽引者（driving force）になろうとしてはいけない。学生の直感と「センス」を信じて見守り役（a person who waits and sees）に撤するべきだ。

1　文部科学省「新たな未来を築くための大学教育の質的転換にむけて～生涯学び続け、主体的に考える力を育成する大学へ～（答申）用語集」（2012）。

2　三重大学高等教育創造開発センター「三重大学版 Problem-based Learning 実践マニュアル：事例シナリオを用いたＰＢＬの実践」（2007）。

第2章

研究室（オフィス）を街の中に持つに至るまで

●地域の企業や自治体との協力体制の構築

研究室は、研究者にとって自分の「お城」のようなものだ。だから、どのような研究室にするかは、ほぼ使用者の自由裁量にまかされていると言っていい。

古典的な研究室とは、本が所狭しと積み上げられ、迷路のようになった奥のほうに教授のデスクがあり、そこに到達するまでには書類が散乱し、「どうぞお座りください」と言われても「どこに座ったらいいの？」と問い返したくなるようなスペースだった。

最近は少なくなったが、こうした研究室は、いまだ絶滅した訳ではない。

一方でこんな神話もある。ある教授が、研究費で高額な絵画を購入し、それを研究室に飾っておいた。彼の下で働いていた助教授（今でいう准教授）が、「これはちょっとまずいんじゃないですか」と助言したら、「馬鹿を言え！　この絵画を眺めると心が落ち着くんだよ。それで研究が進めば、研究費の有効利用だろうが！」と、当の教授は少しも悪びれず言い放ったという。昭和とは何とも大らかな時代だった。

私は、研究室に置く本棚、机、お客様（学生を含む）用の応接セットからパーティションに至るまで、自前のものを持ち込む。決して、大学の備品を使わない。なぜなら、研究室は自分のショーウインドウだと認識しているからだ。だから、研究室に置いてあるものは、すべて私の分身だと思って貰っていい。私にとっても、研究室はやはり「お城」なのである。

さらに不謹慎を承知で言わせて貰えば、教授会の前の秘密の打ち合わせとか、人に聞かれてはまずい話やストレスを発散するための人の悪口とかを言い合うのに、研究室は恰好の場所である。「学内には小会議室があるではないか」と反論されても、「人目ってもんがあるでしょ！」と答えるしかない。今はやりの表現法を駆使すれば、研究室は、「多様な使用目的に柔軟に対応してくれるマルチスペース」とも言えよう。

勿論、研究室で、論文、研究発表会の準備をした日々のことはよく覚えているし、ここ十数年間は、年に1冊ペースで上梓しようとする「書」の原稿を書くために、そこで徹夜することもあった（本来の目的に沿うかたちでの研究室使用も、ちゃんと行っているので、誤解なきよう・苦笑）。

自分の研究したことを研究者にだけ届けるなら、学会誌に論文を掲載したり研究書を上梓したりしておけば事足りる。それで悦に入っていた時期もその昔にはあった。しかし、自身の研究成果をもっと広く知って貰いたいと渇望するようになってからは、できるだけ一般書に近い体裁を整えた「書」を出版してきた。その私のささやかな営為が功を奏して、細々と売れてロングセラーになっているものもある。ベストセラーは、おこがましくて夢見たことすらない。

研究書は、本離れが言われて久しい出版業界の現状では、自主出版にならざるを得ない。すると必然的に本の値段は５０００円以上が相場となってくる。その値段でも買ってくれるのは、同業者くらいしか存在せず、それではとても世に問うたと胸をはれない。それにも拘らず研究者が実質的な自主出版を止めないのは、ひとえに研究業績を積み上げたいからに他ならない。私にはそういう野心はもうない。

いずれにしても、これらの活動をするための研究室は、我々研究者の日常には欠かせないスペースだ。こんな便利なものが与えられている人は、世の中にそうはいない。一般企業では社長か取締役、地方自治体等では部長以上のごくごく限られた人しか自分の占有スペースは与えられない。そこまで達するには、平均すると30年くらいはかかっているはずだ。それが、早ければ30歳くらいで与えられるのが研究者という仕事なのだ。

現代日本に蔓延する「感謝」なる単語にはいささか食傷気味な私であるが、世の研究者は、私も含めて、研究室を与えられていることにだけは「感謝」すべきだと思う。

私は音楽社会学者であり、もう少し詳しく言えば、近現代のポピュラー音楽が専門である。それゆえ、地元のライブハウスで公開講座を実施し続けた時期もあった（渋谷のライブハウス、二子玉川の高島屋、船橋の公民館まで出向いたこともあった）。さらに、企業や市町村とタイアップしてイベントを立て続けに開催した時期もあった。自分の研究を携えて「街に出よう」と思い始めた原点は、そこらあたりにあっただろう。

そんなふうに思うかたわらで、根がすごく欲張りな私は、研究室なる素晴らしいスペースが「街の中にも持てたら、地域の人たちにも拠点として使って貰ったりして、素敵なスペースになるのに」と、仮定法的願望を夢想していた。でも、あくまで「そんなことは叶うはずないよね」（I wish if I could.）という仮定法の領域を越えるものではなかった。

そうこうするうちに、当時の所属先である山口大学の新設学部（国際総合科学部）でPBLを卒業研究に採用しようとする話が持ち上がった。その準備に没頭しなければならない状況で、いったん、自身の夢は棚上げにせざるを得なかった。

そこで、どうせPBLをやるなら、地域の企業及び地方自治体としっかりとした協力体制を構築し、従来の卒業研究にない実践的な研究・教育法を確立したいと考えた。それは、「街角学習の体系化」と言い換えてもよい。その詳細は第4章以降で詳述するとして、まずは、PBLの意義を正しく理解し、「理想解」が見つけにくいほど複雑化した社会で、「現実解」を導ける人材を、大学とともに「共育」しようと考えて貰える企業・地方自治体（「山口モデル」ではパートナーズと称する）を、街に出て探し求めなければならなかった。

近年PBLへの認知度は急速に高まったが、つい5、6年前は、「PBLっていったい何?」といった反応が、学内外を問わず主流を占めていた。なので、パートナーズとの交渉の前に、まずは学部内のコンセンサスを得るのに一苦労した。ずっと教員主体で指導してきた卒業研究から、社会の課題に合わせて学生主体で学習を進めていくという変更に、違和感を抱く学部教員は少なからずいた。口には出さなくても内心で違和感を抱いた教員なら半数を越えていたはずだ。これまでにないＤＮＡを突然求められたのだから、当然と言えば当然の反応である。

しかし、学部は、「新学部に相応しい新たな挑戦をしないと学部としての特徴が出せない」ことに理解を示し、紆余曲折を経ながらも、ＰＢＬを学部生全員（一学年の定員１００名）の卒業研究に採用する方針に踏み切った。当時の学部教員と学部長の英断には、心から敬意を表したい。

企業と地方自治体との交渉は、このＰＢＬの有効性を直感的に察知し、賛同の意を表した人物が企業・地方自治体と大学とのマッチング・コーディネイター役を買って出てくれた。私もキャリア教育科目「日本企業理解」を担当する過程で構築した人脈が産業界にあったので、二人で分担して、来る日も来る日も「街」を歩き回った。そして、やっと19のパートナーズが確保できた。そのパートナー群（平成30年度）を以下に記しておく。

ＡＮＡ山口支店、ＪＴＢ山口支店、星野リゾート、レノファ山口、秋川牧園、ＱＱイングリッシュ（フィリピン英語学校）、大嶺酒造、三和、富士ゼロックス山口支店、サンデー山口、トヨタカローラ山口、ＫＲＹ山口放送、国際貿易、ＮＥＸＴＯＮＥ、山口ヘルスモーションネットワーク、美祢市、山口市、防府市、周防大島町（地方自治体以外は略称）

その後、山口県政策企画課が上記の取り組みを高く評価し、山口大学国際総合科学部を主幹にして、県内の他大学にＰＢＬを広める活動を支援してくれた。そして、その支援の下に、先述のＰＢＬコーディネイターと私は、新たな参画団体を求めて、再び県内の企業と地方自治体を回った。

一方で県内の大学をくまなく訪問し、ＰＢＬの有効性を説いて回った。そして、パートナーと大学とをマッチングし、４大学に45プロジェクト（令和元年度）を完成させた。その内訳を以下に記す。

●山口大学国際総合科学部（20プロジェクト）
ANA山口支店、JTB山口支店、レノファ山口、秋川牧園、QQイングリッシュ、大嶺酒造、三和、トヨタカローラ山口、KRY山口放送、NEXTONE、トクヤマ、アクト西京、瀬戸内ジャムズガーデン、フードバンク山口、山口大学生協、美祢市、山口市、防府観光コンベンション協会、周防大島町、岩国市

●山口県立大学（6プロジェクト）
あさひ製菓、アデリー、サマンサ・ジャパン、豆子郎（2プロジェクト）、コープ山口

●梅光学院大学（16プロジェクト）
下関商業開発、ANA山口支店、東武住販、山口産業、周南市立徳山駅前図書館、サードプラネット、OZAWA、昭和病院、山田石油、NHK山口支局、国際貿易（2プロジェクト）、近畿日本ツーリスト、釜山外国語大学、台湾・開南大学、

ＣＡＩ（ハノイ日本語学校）

●徳山大学（3プロジェクト）

待あい徳山、国際貿易、徳山商工会議所（地方自治体以外は略称）

約３００人の学生が県内の課題解決に取り組む「山口モデル」の基本体制は、こうしてできあがった。思い返せば、「長く曲がりくねった道のり」（the long and winding road）であった（私はビートルズ研究者でもある）。詳細は第6章で記述するが、まだまだ整えるべき制度やシステムは山積みだ。

それでも、このくらいの規模になると、どうしても活動拠点が必要になってくる。できれば「街」の中に拠点が欲しいと本気で思い始めるようになった。ここらあたりから、「研究室を街の中に持つ」という願望が甦り、私の仮定法的願望は、「ひょっとしたら持てるのではないか?」という希望をともなった願望（I hope I will be able to do it.）に変化してきた。

研究室を兼ねたオフィス
「Small Town Talk」の看板。
オフィス名の由来はBobby Charlesの曲。

日本社会に限定すれば、一般的に言って、大学のキャンパスは敷居が高い場所だ。それは歳を重ね、大学から離れれば離れるほど、強くなる傾向にあるだろう。足を向けるには、余程の覚悟がいるのだ。

そこで、そんなたいそうな覚悟をせずとも、スマホやパソコンでのコミュニケーションでは伝わらない何かを求めて人が集まれる空間を、どうしても持ちたいと強く思うようになった。そして、ついに資金が調達でき、生まれ育った周南市のとある通りに、思い切って研究室を兼ねたオフィスを開設したのであった！

「街に出よう！」と言い続けてきた私には、長年の夢が叶った瞬間だった。何かの情報が欲しい人、何かを大学生と組んでやってみたい人、ただただ暇をつぶしたい人、どんな人でもいいのだ。気兼ねなく、オフィスにひょっこり顔を出して貰っていい。そんな想いを込めて、オフィス名をSmall Town Talkとした。Small Town Talkとは、「小さな街の巷の声」というくらいの意味で、アメリカのシンガーソングライター、Bobby Charles作の曲に由来する。漢字表記は「街談巷説」となり、日本語では「ガイダンコウセツ」、中国語では「ジェタンシャ

「Small Town Talk」内部。PBL活動に必要なインタビューや研修、フィールドワークの拠点として活用している。

ンシュオ」と発音する。「街の巷の声にも耳を傾ける価値はあるよ！」というメッセージをこのオフィス名に込めたつもりだ。

今のところ、主な活動は、ＰＢＬ活動に必要なインタビューや研修の場所、あるいはフィールドワークの拠点だが、今後は、単なるＰＢＬの活動拠点にとどまらず、もっと開けたスペースになっていけたらと考えている。元中学校の先生がmicro:bitを使用したプログラミング教室を定期的に実施中だし、地元のクリエーターに発表の場を提供することも予定している。同年代の男友達からは、「女房と喧嘩したとき、頭を冷やしに来てもいいかな？　ここなら落ち着けそうだ」と問われた。「それで気が済むなら、それでもいいよ」と社交辞令を返しておいた。「そうは言っても、来るわけない」と高をくくっていたら、本当に来た。「ワンカップ大関、するめイカ、スポーツ新聞」から成る「オヤジの三種の神器」をビニール袋に詰め込んで！　オヤジをなめていたら痛い目にあうと深く反省……。

「街へ出る」と、これからも、このような想像を越えたことが幾つも起こり得るだろう。それらが私の意図しないことであっても、何も起こらないよりははるかに面白い。

また、時を同じくして、公式ウェブサイトも立ち上げた。トップページのPBLのアイコンをクリックして貰うと、「山口モデル」に関するいろんな情報が得られるようにしてある。そこから私にメールすることもできる。興味のある方は、是非とも一度アクセスしてみて欲しい。(http://www.t-fukuya.net)

第3章

「超スマート社会」(Society 5.0) に求められる人材像

3-1 イノベーションを起こせる人材

イノベーションの世界的権威ピーター・F・ドラッガー（Peter Ferdinand Drucker）は、イノベーションを「変化を機会（チャンス）と捉えて、その変化を活かして新しい価値観を起こすこと」[1]と定義した。加えて、「イノベーションとは意識的かつ組織的に変化を探すことでもある」[2]とも説いた。ドラッガー理論によると、イノベーションなる化学反応を起こすには、「変化」という触媒が必要となるらしい。

実は、我々の住む今の日本社会こそが、最も根本的な意識変化を迫られている国だと思う。なぜなら、日本はこれまで、「変化」より「安定」を指向してきたからだ。しかし、これから日本が立ち向かう社会は、今まで日本人が経験したことのない情報化社会であり、加えて、少子化問題、環境問題、過疎化問題等の諸課題を抱えている。これらに対処しより良い社会を築いていくには、意識改革は不可欠だ。そこで、内閣府は、第５期科学技術基本計画（２０１６）において、我が国が目指すべき未来社会の姿として、世界に先駆けた「超スマート社会」(Society 5.0) を提唱した。以下の文は、そこに書かれている、あるべき未来社会の一例である。

個人が活き活きと暮らせる豊かな社会を実現するためには、システム化や連携協調の取組を、ものづくり分野の産業だけでなく、様々な分野に広げ、経済成長や健康長寿社会の形成、さらには、社会変革につなげていくことが極めて重要である。[3]

さらに、内閣府はその公式サイトで、「サイバー空間（仮想空間）とフィジカル空間（現実空間）を高度に融合させたシステムにより、経済発展と社会的課題の解決を両立する、人間中心の社会」[4]と「超スマート社会」を定義した。もう少し分かり易く言うと、一つ前の「情報社会」（Society 4.0）では徹底できなかった「知識や情報の共有」を推進することで、一人一人が人間らしく快適に生きる社会を実現し、少子高齢化、環境問題、地方の過疎化等の諸課題を解決しようとする社会のことだ。

この知識や情報を共有する手段には、ＡＩ（人工知能）の活用が不可欠だとされている。ＡＩは、集約されたビッグデータを解析し、必要な情報を必要なときに提供する役目を担う。これを人間が行うには、時間と手間がかかり過ぎていたゆえ、それをＡＩが効率的に代行してくれるという訳だ。

これは一人一人の人間が中心となる社会であり、決してＡＩやロボットに支配され監視されるような未来ではない。ＡＩ等と共存していく社会の中で「人間の強み」を発揮し、ＡＩ等を使いこなしていくためには、大学等における文理分断教育からの脱却が急務とされる。文理融合型の高等教育体制の構築が、だれもがＡＩを駆使する社会には急がれるところだ。

また、世界で共通の課題解決という意味では、国連が提唱する「持続可能な開発目標」（Sustainable Development Goals：SDGs）と絡めて、Society 5.0 for SDGs なる理念も生まれている。

ちなみに、超スマート社会（Society 5.0）とは、狩猟社会（Society 1.0）、農耕社会（Society 2.0）、工業社会（Society 3.0）、情報社会（Society 4.0）に続く、新たな社会という意味である。

そして、この Society 5.0 を実現するに不可欠な概念として、先述のイノベーションが挙げられている。しかし、同時に、以下のような苦言も呈されている。

大学が生み出す知識・技術と企業ニーズとの間に生じるかい離を埋めるメカニズムが十分に機能してこなかったこと等により、我が国の科学技術力がイノベーションを生み出す力に十分につながっていないということを認識する必要があ

る。[5]

英語で読み解くドラッカー『イノベーションと起業家精神』
藤田勝利／ジャパンタイムズ

そもそも、日本社会においては、「新しいことへのチャレンジ」は、欧米諸国ほど好感を持たれてこなかった。「前例がない」は、何かを行わない理由、あるいは根拠にされてきた。日本社会は「変化」を望まない社会だったと言っていいかも知れない（日本社会で最も「変化」を嫌う社会が教育現場だ。現場にいる私が言うのだから間違いない）。

しかし、Society 5.0では、「前例がない」は、何かを行う理由あるいはチャンスと捉える人材が求められる。「前例がない、それはいいチャンスだ、やってみよう！」とならなければ、イノベーションは生まれない。イノベーションには、アイデアとその実行までの全てのプロセスが含まれているのだ。

また、managementという英語は、過去から現在まで、日本では「管理」と訳されてきた。しかし、ドラッガーのマネジメント理論では、「管理」ではなく「集団により、創造、創発を生み出す考え方」[6]とされている。英語で「管理」はcontrolが正しい。日本は「超管理社会」なので、managementが「管理」となるのだろう。しかし、ビジネスを管理力だけで乗り切れるとする意識はもう古いのだ。新しい時代のビジネスには、古い意識を脱却して、新しい創造力(imagination)によって生み出されるイノベーションが必要だ。

少々強引な連結で申しわけないが、かつて吉田拓郎もデビュー曲「イメージの詩」で歌ったではないか。「古い船を今動かせるのは古い水夫じゃないだろう。なぜなら古い船も新しい船のように新しい海へでる。古い水夫は知っているのさ、新しい海のこわさを」[7]と。

私はこの歌のタイトルが「イメージ(心象)の詩」とされているゆえ、いくら主観的と言われても、古い水夫の抱いた新しさへの恐怖と期待の入り混じったイマジネーション(想像)とを関連づけて考えたいのだ。

加えて、我々大学の教員には、耳が痛いデータがある。2015年、OECDが進めているPISA(Programme for International Student Assessment)と呼ばれる国際的な学習到達度に関する調査で、15歳児を対象にした日本の学習到達度は、ＯＥＣＤ加盟35カ国中、科学的リテラシーで1位、数学的リテラシーでも1位、読解的リテラシーで6位とされ、総合的には1位と言えよう。一方で、２０１７年、日本生産性本部が行った労働生産性に関する調査で、日本の労働生産性は、ＯＥＣＤ加盟35カ国中、就業者１人あたりで21位、時間当たりで20位となっている。

ここから見えてくるのは、中学までのインプット中心の教育においては、日本は世界のトップだが、そのインプット能力が社会に出た後のアウトプット能力に繋がっていない、ということだ。言い換えれば、社会に送り出す前の日本の高校・大学の教育が、依然としてインプット中心の教育から抜け出せていないとも言えよう。

このような現状下でイノベーションを起こせる人材を育成するには、日本は早急にインプットからアウトプットへの意識変革が必要だ。そう認識する作業からしか、Society 5.0 の実現は見込めないだろう。

3-2 コンピテンシーを有する人材

アウトプット、つまり成果を出すには、どんな能力が必要となるのであろうか？私は、コンピテンシーという概念が、一定の解答を提供してくれていると主張したい。コンピテンシーとは、インプットされた何がしかの情報をアウトプットに変換する能力で、知識を行動に変換する能力と言い換えてもよい。加えて、「コンピテンシーは学習可能であり、教えることもできるもの」[8]とされている。もともと、人間の能力にそんなに差はないのに、成果において大きさが出るのは、問題意識を持つか否かにかかっていると言えよう。ならば、問題意識を持てるように教えることが重要となろう。その教育的営為から起きる行動こそがコンピテンシーに他ならない。

より具体的に言えば、コンピテンシーとは、ある課題を解決しようとする際、成果を上げている人の行動パターンを見出し、それを「行動特性」にまで普遍化していこうとする概念だ。また、富士通のように、このコンピテンシーを5つのレベルに分けて、評価しようとするむきもある。

●レベル5：パラダイム転換行動

パラダイム転換（paradigm shift）とは、これまでにない発想を打ち出し、周囲を巻き込みながらその独創的なアイデアを実現することです。例えば、「クラウドコンピューティングとＡＩ（人工知能）を駆使して事務業務を効率化し、事務職員の必要人員を半分にする」等といった大きな改革を遂行できる社員はレベル5に該当します。　＊パラダイムとは「認識規範」。

●レベル4：創造行動

レベル4の創造行動とは、独自の工夫を加えて状況を変化させることです。前述の例えにならえば、レベル4の事務職社員なら、クラウドを使った事務改革がスタートしたら、「経理部の会計ソフトと販売部の販売管理ソフトをドッキングさせるアイデア」を出したりするかも知れません。経理業務と販売管理が連動すると、社長の経営判断がスピーディになり企業の機動性が向上するといった成果が期待できます。

●レベル3：能動行動

レベル3の評価を得るには、明確な意図や目的を持ち能動的に行動できなければなりません。「うちの会社でもクラウドを本格活用するらしい」という情報を得ると、すぐにＩＴ関連の研修会に参加したり、関連書籍を買い求めたりする社員はレベル3に該当します。

●レベル2：通常行動

レベル2は一般的に言う通常の社員と言えるでしょう。最低限やらなければならない通常の業務を行う社員です。ただ「ミスなくやろう」といった前向きな考えを持っていますので、これが以下で説明するレベル1の社員との違いになります。

●レベル1：受動行動

レベル1の受動行動とは、文字通り受け身の姿勢のことです。上司から指示を待って業務を進める社員がこのレベルに該当します。他レベルの社員がクラウドに関する情報の収集やアイデアの創出に前向きであるのに対し、レベル1の社員は上司に課題を出されるまで行動をおこさない等といった部分が見られる場合があります。[9]

しかし、「レベルが高いほど良い！」とは限らない。従業員全員がレベル5だと、その企業がまとまりを欠くこともあり得る。企業文化や将来を見通して、どのレベルの人材が何人くらいずつ必要かを構想することが大切だと言えよう。

3-3　リスクを取れる人材

リスク（risk）は、オックスフォード現代英英辞典によると、〝the probability

of something bad happening at some time in the future〟（将来のいずれかの時において何か悪い事象が起こる可能性）[10]とされている。日本語では「危険性」と訳される。語源であるラテン語の risicare は、「悪いことが起こる可能性を覚悟の上で、勇気をもって試みる」ことを意味する。

持論であるが、グローバル化が進む現在は、リスクなる概念の捉え方は、ラテン語の語源に立ち返ったほうが、よりリアリティーが増すと思う。日本は、少し前まで、国内市場中心の経済活動で十分繁栄を維持できてきた。加えて、従来の日本では、「リスクを取らないことが美徳の一つ」とさえされてきた。この精神性ゆえに、日本のグローバル化は、世界の先進国に比して大きく遅れた現実が存在する。

しかし、近年は、高齢化社会の到来と少子化問題の深刻化というダブルパンチにより、人口減少に歯止めがかからず、当然の帰結として国内市場は縮小傾向にある。さらに、日本経済は、なかなかデフレ状態を脱出できないでいる。この現状を打開するには、海外市場に打って出るしか持続可能な発展を見込めない。そこで、グローバル化は、日本社会において、毎朝毎晩唱えられるお題目の如くとなるに至った。

そのグローバル世界は、日本社会よりはるかにリスクの高い世界であることは間違いない。さらに言えば、グローバル化のツールの一つである国際共通語としての英語（English as an international language）は、日本人の苦手項目であり続けてきたし、異文化受容も日本人の得意な分野ではなかった。しかし、日本はグローバル化というリスクから逃げられない。リスクを回避して何もしないことが正解であった時代は、もうとっくに終わったからだ。

つまり、現在の日本には、「リスクを取らない人＝リスキーな人」という時代が到来しているのだ。このままでは、グローバル世界での日本人の経済活動は「危険性（不確実性）＝リスク」を増してしまう。前述のコンピテンシーレベル１に該当する人は、「最もリスキーな人」に範疇化されてしまうだろう。

Ｆａｃｅｂｏｏｋの創設者マーク・ザッカーバーグも「一番大きなリスクは如何なるリスクも取らないことだ」[11]と断言している。

『リスクを取らないリスク』
堀古英司／クロスメディア・パブリッシング

これからの日本人は、risk の語源である risicare に立ち返って、勇気をもってグローバル世界にでて行かないと未来は開けない。また、日本国内においても、異文化を受容して海外からの労働力に頼らないとやって行けない時代がすでに到来している。ニューヨークに拠点を置く投資顧問会社、ホリコ・キャピタル・マネジメントLLC最高運用責任者の堀古英司は、自書『リスクを取らないリスク』で、「人間はリスク回避本能を持っている」[12]が、人類は、それを克服して行かなければならないと主張し、日本のリスクへの姿勢を「世界で一番リスクを避けたがる国、日本」[13]と糾弾した。そして、日本人を以下のように鼓舞した。

日本の人はリスクに対する考え方を１８０度変えないと、この先20年も、さらにその先も、アメリカのみならず、世界と差を付けられる一方ということになってしまいます。[14]

Society 5.0 では、「リスクの取れる人」（risk takers）の育成が最重要課題である。日本社会は、今まさに、可及的速やかな意識のパラダイムシフトを迫られているると言えよう。

3-4 「マニュアル人間」はもういらない

マニュアルに相応しい日本語は「手引き書」であろう。それは、ある状況や条件に対処する方法を知らない初心者に対して、分かり易く標準化して説明された文書のことである。人間の行動や方法論、ひいては社会のルールを示したものもある。その目的は、組織（企業等を含む）における個人の行動を明文化して示し、集団が一貫性のある行動を取れるようにすることにある。通常、図や表や文章などを使って、分かり易く説明される。

それでも、往々にして、想定外で記載されていない現象も発生してしまう。この場合にマニュアルはまったく役に立たなくなるため、問題解決のための手段として、組織の統率者（または責任者）がその都度判断し個別に指示を行う等して対応しなければならない。こうした場合、細かく制限を課したマニュアルは、かえって邪魔になることがある。

「マニュアル人間」は、こうした状況でもまだマニュアルに頼ろうとするので、臨機応変な対応が取れない。さらに、「マニュアル人間」は、幼少期から親や教師の敷いたレールの上を歩いてきた人が多いので、自分の判断を下すことができ難く、指示待ちになる傾向が強い。

国際会議などで、議論が予想外の展開になった場合、「指示待ち人間」すなわち「マニュアル人間」は、「その件は、上司に報告し、指示を仰がないとご返事できません」といった発言をするケースがよくある。まったくナンセンスな発言なのだが、言っている本人は「適切な判断」だと勘違いしているので、問題は深刻だ。グローバル・スタンダードでは、「それなら、上司がここに来るべきだ。あなたがここにいる意味はない」となり、そこでの交渉なり商談は不成立に終わるのは必定だ。

でも、これは本人だけに責任を問うのは酷だ。日本社会では、会議なり交渉なりにおいてはその担当者に全権を委任する「権限委譲」という概念がまだまだ薄い。よく言われる「報連相」（ほうれんそう）が金科玉条のごとく尊ばれる。日本には、マニュアル人間を量産する社会システムが存在するのだ。「報連相」は、ことが順調に進んでいるときはそれなりの意義を有するが、スピード感が求められているときは、まったく無力だ。というか、そんなことに時間をかけているうちに、交渉や商談は別の相手に取られてしまうのがオチだ。

グローバル・ビジネスの世界では、斬新な提案をするなり、素早い決断を下さなければならない。だからグローバル化を避けては通れない日本でも、報告より即決力が要求されるようになるだろう。その前提として、会議や交渉の当事者に決定権を委譲して臨ませるグローバル・スタンダードを常態化させることが急務だ。

以上のような私の意見を前にすると、マニュアル人間は言うだろう。「マニュアル人間を脱出して解決策を自分で考えろと言うなら、そうするためのマニュアルを示してくださいよ」と……。前途は多難だ。

イノベーションを起こせる人材、コンピテンシーを有する人材、リスクを取れる人材、マニュアルに頼らない人材、加えて、グローバル人材を育成するには、学習者に自分で考え行動させようとするＰＢＬが有効なのだと、ここではとりあえず主張しておいて、次に進もう。

1 藤田勝利「英語で読み解くドラッガー『イノベーションと起業家精神』」(The Japan Times, 2016) 15。
2 ドラッガー、ピーター・F / 上田惇生訳『イノベーションと企業家精神』(ダイヤモンド社、2007) 15。
3 内閣府「第5期科学技術基本計画」(2016) 10。
4 内閣府公式サイト
5 内閣府（前掲書）4。
6 藤田勝利（前掲書）107。
7 吉田拓郎「イメージの詩」(エピックレコード、1970)。
8 ライチェン、S・ドミニク、ローラ・H・サルガニク、立田慶裕監訳『キー・コンピテンシー：国際標準の学力をめざして』(明石書店、2006) 72。

9 富士通ラーニングメディア http://www.knowledgewing.com/kcc/talent- management/blog/2018/03/20/competency.html

10 *OXFORD Dictionary of Contemporary English.*

11 *The Canberra Times.* May 6. 2019.

12 堀古英司『リスクを取らないリスク』（クロスメディア・パブリッシング、2014）、18。

13 前掲同書、24。

14 前掲同書、7。

第4章

PBLの方法論

4-1　チュートリアル型（シミュレーション型）と社会連携型（リアリティ型）

PBLは、知識をインプットすることを中心にした受動的な学習ではなく、学生の自主性を重んじ、彼らの能動的学習を促進しアウトプット能力を養成していこうとする学習形態のことで、指導者は、学生の能動的学びのファシリテーター（促進者）の位置にとどまることをよしとする。

そこに参加したメンバーは、それぞれが異なる知識・経験・価値観を持っている。しかし、異なるからこそ、自分一人では思いつかないアイデアが生まれてくる。そこでは、自分の意見にこだわり過ぎず、他者の意見にも聞く耳を持ち、チームとして協調していく姿勢が大切である。真のコミュニケーション能力は、こうした環境下で築かれていくものだろう。「他者の学びを自分の学びに役立てようとする」とき、人は飛躍的に成長する。

このような意識のもとに、一人一人の異なる個性がワン・チームにまとまったとき、ＰＢＬは力を最大限に発揮するはずだ。２０１９年ラグビーワールドカップ日本代表チームの快進撃は、異なる国籍、人種、価値観がワン・チームにまとまったからこそ可能であった。彼らが、最初から同じ文化を共有していたら、あの強さとチームワークは身についていなかったかも知れない。郷土の童謡詩人金子みすゞの「みんな違ってみんないい」こそ、ＰＢＬを下支えする理念と言えよう。

そのＰＢＬには、架空のシナリオをもとに問題解決に取組む「チュートリアル型」（チューターが学生の学習支援を行うのでそう呼ばれる）と、実際に企業・地方自治体・ＮＰＯ法人等と連携して課題解決に取組む「社会連携型」とがある。仮想空間でのシミュレーションを拠り所に活動を進めていく型とリアルな現実と対面しながら活動を進めていく型との違いと説明してもよいだろう。大学や学生が置かれている状況に応じて、どちらかを選べばいい訳で、どちらが優れ、劣っているかの問題ではない。

私は、私個人と周りの状況から「社会連携型」を選択し推奨しているが、日本全体では、比較的難易度の低い「チュートリアル型」のほうがより多く採用されている。溝上慎一・成田秀夫編の『アクティブラーニングとしてのPBLと探求的な学習』の中では、「チュートリアル型」を「問題解決学習」(Problem-based Learning)、「社会連携型」を「プロジェクト学習」(Project-based Learning)として、基本理念は共有しているとしながらも、その違いを以下のように述べている。

> あえて力点の違いを挙げれば、プロジェクト学習は、最終プロダクト(end product)を目指して問題解決が進められ(プロダクト重視型)、問題解決学習は、問題解決のプロセスにおいて、自己主導型学習や協働学習などの学習態度、問題解決能力を育てることを目指す(プロセス重視型)。[1]

加えて、鈴木敏恵は『課題解決力と論理的思考力が身につくプロジェクト学習の基本と手法』の中では、違いを以下のように指摘している。

問題解決学習とプロジェクト学習は、似た面もあり、両方ともPBLと表現され混乱しがちですが、同じものではありません。問題解決学習は、問題の解決に向かう学習ですが、プロジェクト学習は、問題を解決することが最終ゴールではなく、ヴィジョンを実現することがゴールです。問題を解決しても単に「問題のない状態」になるだけですが、ヴィジョンを実現することは「夢や希望のある未来」を目指すことになるのです。[2]

後に詳しく述べるが、社会連携型のＰＢＬにおける提携先とのトラブルで一番多いのが、問題解決学習とプロジェクト学習とを混同して、現実空間に、仮想空間でしか可能でない手法を持ち込んでしまうことである。

●チュートリアル型ＰＢＬ

チュートリアル型ＰＢＬは、教室内でチームを作り、特定のシチュエーションを設定し、メンバー同士でグループワークを行ったり検証したりする学習形態である。大学から問題が与えられる場合もあれば、学生によって推測される様々な問題点が抽出される（これは「思考の発散」と呼ばれる）場合もある。いずれにせよ、その問題点の背景について「仮説」(hypothesis) を立て、それにしたがって、様々な情報が集められ、学習が進んでいく。

指導にあたる教員は、チューターと呼ばれる。チューターは、レクチャラーのように学生に答えを教えることはしない。ディスカッションを盛り上げ、学生が立てる学修方針が問題から大きく逸脱しないように導き、自己学修の方法をアドバイスする（ＰＢＬでは、教員がプレーヤーになってはいけないのだ）。最後に行われるＰＢＬチュートリアルでは、学生の代表が発表を行い、チューターがそれに対して評価を行う。

チュートリアル型ＰＢＬでは、企業・地方治体等との密な連携はないので、大学だけでＰＢＬが完結する。言い換えれば、ＰＢＬ授業の時間だけで完結するとも言える。それゆえに、ゼミ学習や卒業研究でなく、授業としてＰＢＬを学習するにあたっては、チュートリアル型が相応しいと言えるかも知れない。

そのチュートリアル型ＰＢＬは、医学系大学で採用される場合が多い。採用大学をあげてみると、徳島大学、甲南大学、三重大学、岐阜大学、浜松医科大学、東京女子医科大学、埼玉医科大学、佐賀大学医学部、名古屋大学医学部、大分大学医学部、日本大学医学部、昭和大学医学部、帝京大学医学部、神戸大学大学院医学研究科、福岡大学医学部、香川大学医学部、筑波大学医学部、大阪医科大学等である（ここにあげたのは一部であり、これら以外にも、多くの医学系大学で採用されていると推察される）。

●社会連携型ＰＢＬ

「企業やＮＧＯ、行政等学外から与えられた課題を通して、社会と強調しながら行うＰＢＬを、社会連携型ＰＢＬと総称する。」[3] そこでは、広く社会を捉える課題から、個別企業の抱える課題まで、様々な課題が想定され得る。また、とても高く動機づけられた学生たちが企業研究等を徹底して行い、課題を発見し、自分たちで企業等を訪問しプロジェクトを成立していく型もあり得るだろう（これは稀有な例）。ここで注意すべきは、「すべてのＰＢＬの課題は自己発見型でなくてはならない」と思い込んでいる大学教員がいたりすることだ。その思い込みは、チュートリアル型の定義を社会連携型に持ち込んでしまい、現実世界で勝負する社会連携型ＰＢＬを理想主義的過ぎるものにしてしまう傾向がある。

社会連携型は、学生たちが社会人と連携するのだから、社会人としてのマナー講座は不可欠である。厳しいことを言えば、それは、学生にだけでなく、教員にも必要だ。大学教員の中には、いまだに、大学社会と一般社会とを同等に捉えることができず、どうしても上から目線になる人が少なくない。そういう教員は、そのままではＰＢＬの指導には向かないので、ＰＢＬ適性をマナー講座等で身に着けてから指導に当って貰いたい。チュートリアル型なら大学だけでことが完結するが、社会連携型ではそうはいかないのだ。

指導にあたる教員は、学生の主体性に任せるのがＰＢＬでは基本となるが、学生が軌道を外れそうな場合には修正を示唆しなければならない。一方で、企業や地方自治体の責任者と定期的に連絡を取り、学生のパフォーマンスと提携先の期待との間にズレがないかをチェックすることも重要だ。学生を大学から預かる側は、「どの程度学生に厳しくあたっていいか」を図りかね、ストレスがたまることがよくある。そうさせないために、指導教員が「見守り役」、あるいは「橋渡し役」を担わなければならない。

この社会連携型では、最終成果物（solutions）は、何らかのかたちで連携先に提出されるべきである。それは、提案のかたちをとる場合もあるだろうし、何かを実施してみて、提携先に目に見えるかたちの成果物を提出する場合もあるだろう。

さらには、チュートリアル型のような仮想空間ではなく、現実空間が活動の場なので、ときには現実との妥協も必要である。その妥協を学ぶことも、社会連携型ＰＢＬの優位性の一つだとさえ思う。理想通りにことが運ぶことは、実社会では少ないからだ。

社会連携型ＰＢＬは、卒業研究やゼミ研究で採用される場合が多く、その採用校をあげてみると、小樽商科大学、岩手県立大学、国際教養大学、東京大学、慶応大学、早稲田大学、中央大学、多摩美術大学、武蔵大学、芝浦工業大学、産業能率大学、立命館大学、同志社大学、龍谷大学、関西大学、大阪学院大学、桃山学院大学、広島大学、山口大学、山口県立大学、梅光学院大学、徳山大学、山口学芸大学、山口芸術短期大学等である（ここにあげたのは一部であり、これら以外にも、多くの大学で採用されていると推察される）。

４－２　社会連携型ＰＢＬと「デザイン思考」

ＰＢＬを遂行するにあたり、方法論はマストアイテムとなる。なぜなら、方法論を持たずにＰＢＬを遂行し、運よく課題解決が上手くいったとしても、それはあくまで「結果オーライ」でしかないからだ。それでは、学生が将来社会人となり、課題解決に取組むためのスキルアップにつながらない。逆に、確かな方法論でＰＢＬを遂行していけば、万が一そのＰＢＬから満足のいく成果物を得られなくとも、課題解決の方法論が学生の中に残り、スキルアップにつながる。課題解決過程が確かな方法論に基づいてなされ、学生の「学びの場」になることが重要だ。成果物に結びつける努力は大前提だが、同時に成長も大切なのだ。

私は、これまでずっと自身の研究を地域の活性化に役立てようと試行錯誤してきた者の一人であり、社会連携型ＰＢＬの普及に取り組んでいる者の一人でもあるので、本書では社会連携型ＰＢＬへの方法論を紹介しておきたい。

私は、社会連携型ＰＢＬの方法論の基本理念には、「デザイン思考」なる「考え方」（mind set）を据えている。その理由は、ひとえにデザインの概念と社会連携との親和性にある。

そこでまず、アートとデザインの違いを考えてみよう。アーティストは、１００％の個を何の躊躇いもなく追及してよい。片やデザイナーは、クライアントの要望という制約を受ける。そして、その制約の中で最大限の個を追及することが求められる。伝説的デザイナーのチャールズ・イームズも「デザイナーとは、喜んで社会的制約を受け入れる人のことであり、制約がなければデザインは生まれない」[4]と何度も述べている。

社会連携型ＰＢＬは、その名の通り、社会のニーズを無視してはそもそも始まらない。しかし、提携先のニーズと背景にある社会のニーズとの間に温度差がないかを検証することを忘れてはならない。例えば、ある提携先がある地域社会の活性化を課題に与えた際、提携先の活性化に対する理念と地域社会のそれとが、一致していないことがときとしてあるのだ。「批判的思考」(critical thinking)でその検証作業を入念に行うことは、とても重要なことである。

それを終えたら、次に予算という制約が立ちはだかり、さらに、大学の規則、社会の規則、活動期間及び日程調整等々、様々な制約が待っている。つまり、社会連携型ＰＢＬは、喜んで社会的制約を受け入れるデザイナー的要素をプロジェクトメンバー全員に要求すると言える（強要すると言えなくもない）。

こうした制約の中で、「デザイン思考」を携えて課題を解決していくことを私は推奨しているのだが、そもそも「デザイン思考」とは何なのかを、簡潔に分かり易く説明しておこう（ごく一部に持論を持ち込んでいるかも知れない）。「デザイン思考」とは、方法論（つまり物事の「やり方」）であるが、厳密に言えばその上位にくる「考え方」（mindset）である。それゆえに、プロダクト開発のみならず、恋愛から仕事の悩みまで、人生におけるほぼ全ての営みに応用が可能である。ここでの「思考態度」つまり「考え方」を哲学と言い切る専門家もいる。

加えて、「デザイン思考」は、デザインされたプロダクトやサービスを使う人々を理解することから始める人間中心主義的思考ゆえに、論理よりも感性、直感を重要視する。しかし、これは論理を無視するということではない。科学的分析あるいは論理的検証作業を十分行った上で、最後は人間のために人間が人間的に判断するというのが「デザイン思考」の立ち位置と言ってよいだろう。つまり、「デザイン思考」とは、「課題解決のプロセスを、人間中心にデザインするマインドセットだ」と定義することができよう。個人的には、佐宗邦威が『直感と論理を

『CHANGE BY DESIGN』
TIM BROWN

つなぐ思考法』で展開した理論は、「デザイン思考」の本質をついていると考える。是非とも一読されたし！

そして今日では、「デザイン思考」は、イノベーションを起こすための「実践知」(Practical Wisdom) だとされるようになった。ちなみに、「デザイン思考」の牙城スタンフォード大学のｄ・スクールでそのオルタナティブな理論を学んだジャスパー・ウは、「『デザイン』とは『問題解決』だ」[5]と言い切っている。

その際、「技術的実現性」（現在またはそう遠くない将来、技術的に実現できる）、「経済的実現性」（持続可能なビジネスモデルになる）、「有用性」（人々にとって役に立つ）を兼ね備えていることが必要となる。「デザイン思考」の世界的権威であるティム・ブラウンは、「デザイン思考」のプロセスを明確化しようとして、「着想」(Inspiration)、「発案」(Ideation)、「実装」(Implementation) を「イノベーションを起こすための三つの空間」[6]とした。

恥かしながら、ここに個人的でささやかなイノベーションの例を示そう。私は、4、5年前、年間30か国くらいをまわり、一年のうち100日以上を海外で過ごすというかなり過酷な労働条件下に身を置いた時期があった。その時期、家にいない日を告げようとする私に、妻は、「家にいる日を言ってくれたほうが早い」と冗談半分に苦笑したことを覚えている。私は、そのことの申しわけなさを、「お土産を買ってくる」という行為で「免罪符」(Indulgence) に代えていた。しかし、私が海外から買ってきた品物のどれ一つとして、妻には「有用性」がなかった。「デザイン思考」的に言えば、私は妻のニーズを正しく理解していなかったのだ。

そこで、この現状の課題を何とか解決したいとして、私は、あることを「着想」した。「海外から帰国した後に免罪符を求めるより、海外に出発する前に免罪符を求めてはどうだろう?」が私の着想内容であった。さらに、「その免罪符は、無用なお土産ではなく、昔のキリスト教徒にならって、現金で買い求めよう」という「発案」に至った。そして、そのことを妻に提案し、「実装」してみた。その「実装」を2、3度繰り返していたら、妻がある日、楽しそうに「今度の出張はいつ?」と尋ねてきた。私は、「デザイン思考」の真骨頂である「弱み」を「強み」に変える逆転の発想でもって、ついに家庭内イノベーション(私の出張は、妻のエモーションの中で「不満」から「楽しみ」に変化したのだ！）を見事に達成したのだった。「普段の生活に不便を探してみる、そういった小さなことから始めてみましょう」[7]という専門家の意見を素直に聞き入れ、「実装」した結果であった。

4-3 「デザイン思考」における「プロトタイプ」の重要性

実際の「デザイン思考」を土台にした課題解決では、「実装」の前に、できるだけ早く「プロトタイプ」を制作して、プロジェクトを迅速化することが求められる。ときには「プロトタイプ」を制作して、失敗に早く気づくこと（「デザイン思考」ではFail Firstと呼ばれる）も重要とされる。「デザイン思考」においては、早期の失敗（最終的な失敗ではない）は、アイデアの一つを検証し終わったことを意味するに過ぎないからだ。

また、「デザイン思考」では、計画案がある程度まとまったら、あまり考えすぎることなく、枠組みを可視化して、それを見ながら考えるほうが、熟議を尽くすよりよりはるかに効果的とされている。「とにかくやってみる」(Just do it)の姿勢こそが、「デザイン思考」の根幹を成す精神性である。プランができたら素早く「プロトタイプ」制作を実施してみて、それを綿密にチェックし、最終的なアクションを起こす、つまりＰ→Ｄ→Ｃ→Ａサイクルを迅速に回すことが、「デザイン思考」では求められる。

超精密レーザーカッター、ＣＡＤツール、３Ｄプリンター等を駆使して、アイデアをかたちにして、課題解決を促進できるものなら、何でも「プロトタイプ」と呼んで良い。最近の若い世代、すなわち「デジタル・ネイティブ」と呼ばれる世代にとっては、我々「アナログ・ネイティブ」に比べて、はるかにハードルの低い機器群のはずだ。

加えて、各種サービス、組織体制等の構築段階で、とりあえず本番前に実施してみる実験的試みやアンケート調査(「パイロット・テスト」と呼ばれる)も、私は広義の「プロトタイプ」に範疇化してもよいと考える。ジャスパー・ウは、「『プロトタイプ』の目的は、アイデアを検証することです。極端な話、新しいアイデアをぶつけてみて感想を聞いてみる、という『プロトタイプ』も存在します」[8]と断言している。いずれにせよ、「プロトタイプ」が、「デザイン思考」の案内役(guiding force)であることには違いない。

尚、この「デザイン思考」の世界的中心は、サンフランシスコである。スタンフォード大学のハッソ・プラットナー・デザイン研究所(通称、d・スクール)、カリフォルニア大学バークレイ校のハース・ビジネススクール、カリフォルニア美術大学等がその牙城群だ。それらの場所では、医学、ビジネス、エンジニアリング等の多様な分野において、公共の利益を目的とした共同デザイン・プロジェクトが進行している。そこは、「デザイン思考」を志す者たちの聖地なのだ。「デザイン思考」を標榜する研究者なら、一度「聖地巡礼」(pilgrimage)をしてみては如何だろうか。そこはかつて、「対抗文化」(the counterculture)なるイノベーションを指向したヒッピーたちの聖地でもあった場所だ。

2009年、スタンフォード大学のd・スクールやシリコンバレーの中心に本

『まんがでわかる
デザイン思考』
田村大／小学館

拠を構える世界的デザインファームIDEOの支援を受けながら設立されたのが東京大学i・スクールだ。そのi・スクール・プログラム（1年間）を履修した学生たちは、イノベーション・リーダーに成長し、その後、自ら起業したり、あるいは産学公の各分野で「デザイン思考」の担い手として活躍したりしている。日本にも、「デザイン思考」は根づき始めているのだ。

そのi・スクールの共同創設者でビジネス・エスノグラフィー（ユーザーが普段どのような環境で生活しているのか、どういった考え方で商品やサービスに接しているのかといったことを観察し、得られた知見から仮説を構築していく手法）のパイオニアとして知られる田村大が監修した『まんがでわかるデザイン思考』は、漫画の域をはるかに超えた「デザイン思考」の教則本である。各章の終わりには、丁寧な解説文もついていて、分かり易く、専門性も下手な教則本よりもずっと高い。私のお薦めの一冊だ。

「芸術家や起業家だけじゃなく、すべての人間に創造力はある。ただ、それに気づいていないだけだ」[9]、「デザイン思考はイノベーションを起こすプロセス」[10]、「いかなる個人よりも全員のほうが賢い。デザイン思考の各言だ」[11]、「デザイン思考は、経験をデザインする」[12]、「プロトタイピングは最速で最善に至る方法」[13]、「デザイン思考は21世紀の必修科目」[14]等々、気持ちのいいくらいキャッチーなフレーズが鏤められた書だ。

加えて、「ロジカル思考」(Logical Thinking)の殿堂ハーバード大学を「東海岸の雄」[15]とし、「デザイン思考」(Design Thinking)の牙城スタンフォード大学を「西海岸の雄」[16]とした二項対立表現も構造主義的で面白い。この二つの大学のライバル争いを「イノベーションにおける覇権争い」[17]とも表現している。

4-4 課題に対してゴールを設定することが社会連携型PBLのスタート地点

話をプロジェクト学習の手順に移そう。ここでは、まず「プロジェクト」の定義や「プロジェクト学習」における課題の説明から始めてみる。

「プロジェクト」とは、同じ志の人間が、同じヴィジョンや使命感に基づき、一定期間内に、ある目標・目的を戦略的に果たそうとする構想あるいは計画である。それは、通常グループを構成するが、一人で遂行する「プロジェクト」もなくはない。さらに、そのスタンスは、決して机上の論理だけで構想するのではなく、現実から逸脱しないことを前提とする。加えて、社会的意義（あるいは価値）のある成果を生み出すことや、何らかの課題を解決することで、誰かを幸せにするものでなくてはならないとされる。

そして、「プロジェクト」の特質やセオリーを学習と結びつけたのが「プロジェクト学習」である。「プロジェクト学習」では、「批判的思考」は大切であるが、そこにとどまっては意味がない。自分たちのヴィジョンと現実との間に溝があるなら、批判を非難につなげてしまうのではなく、「その溝を埋めるにはどうしたらいいか」を考えてこそ、「批判的思考」は意味を帯びてくる。

「プロジェクト学習」が進行している際、いかなる失敗もなしに、一直線に目標に達することはまずない。試行錯誤を繰り返し、課題解決プロセスが螺旋状

(spiral) に上にのびていくことが多い。上手くいかないときもあきらめないで、前へ前へと進む姿勢こそが「プロジェクト学習」には求められる。それには、「こうありたい」とするヴィジョンがなければ続かない。

社会で使用される「課題」という言葉は、上司や組織から「与えられた課題」というニュアンスがあり、一般的にもそう理解されている。しかし、「プロジェクト学習」、すなわち「社会連携型ＰＢＬ」においては、「課題が与えられる」場合もあれば、「自らが課題を発見する」場合もある。重要なのは、「課題」が与えられても、「課題」が発見されても、そこがＰＢＬのスタート地点にはならない、ということだ。

その「課題」に対して、具体的な「ゴール」、つまり「目標」が設定されてはじめて、プロジェクトをスタートできる。つまり、この「ゴール」が設定できてこそ、そこに到達するまでの予算、プロセス、手法、スケジュール等が明確化（デザイン化）できる。言い換えれば、すべてのフェイズの基点としての「ゴール」設定がＰＢＬのスタート地点となると言えよう。

「ゴール」設定のもう一つの大きな効能は、プロジェクトメンバー一人一人に、社会人としての責任感と使命感とを植えつけることにある。前掲の『プロジェクト学習の基本と手法』には、以下のように書かれている。

目標を立て、それを広言することは、社会の中にそれを置いた、という感じに似ています。目標はそこに向かっていくぞと未来へ約束することと同じです。（中略）目標は約束として、その実効性を期待されます。自分たちにとっても目標を掲げるときには、もう向かうしかない！　さあ未来へその実現のために行くぞ！という気持ちになります。[18]

こうして「目標」が設定され、メンバー全員に強い動機づけがなされた次には、目の前の現実から逃げない姿勢が大切になる。粘り強さはプロジェクトには不可欠だ。さらに、最終的には、その「目標」が、社会の誰かの役に立ち、誰かに幸せを齎しているかが、評価の中心にくる。ゆえに、「目標」設定は、慎重に行わなければならず、ここを安易に済ませてしまうと、「プロジェクト」が制御不能に陥る可能性さえある。

また、「目標」には最終成果が明文化されているべきだ。なぜなら、学生が成長しても、成果に提携先が不満足なら、提携を打ち切られ、そもそも社会連携型PBLの持続性が揺らいでしまうからだ。社会連携型PBLが、提携先にも有益で、参加学生にとってもレガシーとして機能することが理想形である。このことに疑いの余地はない。

4-5 弱みを強みに変換するPBLには、SWOT分析及びVRIO分析が有効

「問題解決学習」であれ、「プロジェクト型課題解決学習」であれ、PBLの理念の根底には、「弱みを強みに変換する」という逆転の発想が流れている。また、前例がないなら前例を作って、「イノベーションにつなげる機会」(design chance）があるとするマインドセットも大切になる。そうすると、「弱み」と「強み」を分析し、「デザイン機会」につなげる手法が必要になってくる。

私は、この手法の存在を、『なぜビートルズは60年経っても売れ続けるのか：フレームワークを駆使し、持続可能なＫＦＳ（成功の鍵）を究明する』で偶然知った次第だ。この本の引用文献の中に拙書『ビートルズ都市論』がリストアップされており、筆者が私に謝意を示し献本してくれたという経緯で、私の手元に届いた本であった。その冒頭には、こう書かれてあった。

なぜビートルズは60年経っても売れ続けるのか
田沢貴／幻冬舎

最初のフレームワークはＳＷＯＴ分析です。最も重要な定番のフレームワークなので、ビートルズの話に入る前に、一般的な解説を少ししたいと思います。ＳＷＯＴ分析についてすでに知識を習得済みの読者は、この章を飛ばして第2章から読み始めていただいても結構です。ＳＷＯＴ分析は１９６０年代にアメリカで、企業評価のための戦略ツールとして開発されました。ビートルズがプロとしてデビューしたのとほぼ同時期に、ＳＷＯＴ分析は誕生したのです。[19]

私は、ＳＷＯＴ分析未習得者だったので、「ビートルズ本の冒頭で、企業の経営戦略ツールの話から入るなんて、いい度胸しているな！」と感心しながら、飛ばさず読み進んでみた。

ＳＷＯＴ分析では、まず現状分析を行う。具体的には、内部環境と外部環境の2方向から分析する。大学のＰＢＬを扱う本書の文脈での内部環境は、自分たちの大学の所属学科あるいはゼミの「強み」(Strengths)と「弱み」(Weaknesses)の2つに分け、外部環境は、提携先及び地域社会の「機会」(Opportunities: デザインチャンス)と「脅威」(Threats：不安)の2つに分け、4つの括りから現状を分析する。この4つの括りの英語の頭文字をとってＳＷＯＴ分析と称される。「強み」×「機会」、「強み」×「脅威」、「弱み」×「機会」、「弱み」×「脅威」をクロスさせて行う分析をクロス分析と呼ぶ。そこでは、「強み」を最大限に活かして「機会」につなげたり、「強み」を駆使して「脅威」を回避したり、「弱み」を克服して「機会」を逃さないようにしたり、「弱み」を克服して「脅威」から脱却する方法を考えたりすることが求められる。

以上を総括してみると、SWOT分析にクロス分析を施し、有効なマーケティング戦略を立てることが肝要だ、ということになる。

やっとSWOT分析の何たるかが、おぼろげながら分かってきたところで、たたみかけるように、以下のように書いてあった。

あることが自社の強みだといくら言っても、競合がそれと同じような強みを持っていたらどうなるでしょうか。お互いのつぶし合いに終始してしまうことになりかねませんよね。同じ強みでも、競合が持ってない、あるいは簡単には真似のできない強みを持たなければならないのです。マーケティング的に言えば、「競合と差別化できる競争優位性を持った強み」でなければ、本当の強みと言うことはできません。[20]

「強み」は、差別化をともなってはじめて本当の「強み」だと言う。逆に言えば、他者も有している「強み」なら、その「強み」の効力は半減するということである。そこで、ある「強み」が競争優位性を持った真の「強み」であるか否かを判断するツールとして、VRIO分析が提示されている。VRIOは、Value（経済価値）、Rarity（希少性）、Inimitability（模倣困難性）、Organization（「強み」を活かせる組織）の英語の頭文字を取っている。

加えて、大切なのは、たとえその時点では「強み」であったものでも、状況の変化によって一瞬にして「強み」でなくなったり、「弱み」になってしまう点だ。「強み」が将来にわたって「強み」であり続ける保証はどこにもなく、「継続的強み」（sustainable strength）を持つには、常に「強み」のアップ・トゥ・デイトとアップ・グレイドが必要になる。

4-6　ビートルズのVRIO分析

では、ビートルズの専門家として、ビートルズのVRIO分析をしてみよう。

少し長めになるが、お付き合い願いたい。ビートルズの「強み」は、その誕生から60年近くが経っても、過去の栄光を誇るレジェンドになることを拒否するかのように、今でも現役のグループやアーティストを凌駕する作品の売り上げを見せてしまう人気の継続性にある。勿論、その背景には、エバーグリーンな魅力を湛えるビートルズの音楽性と常識にとらわれない革新性とが横たわっている。

そこで、ビートルズの研究者である私が、その他に類を見ない人気と評価を今後も継続するために何ができるのかという視点も交えて、ビートルズのVRIO分析を行ってみる。

ビートルズの作り出した「経済価値」は、計り知れない。ビートルズを輩出したリヴァプールの市議会は、ビートルズが同市に与える経済及び文化的影響についてまとめた初の報告書〝Beatles Heritage In Liverpool And Its Economic And Cultural Sector Impact〟を発表した。それによると、ビートルズに関連する経済効果は、現在でも毎年15%程度伸びているそうだ。ビートルズが齎す経済効果について、uDiscoverMusicが伝えた記事（２０１９年5月20日）では、ビートルズの遺産は、リヴァプール経済にとって毎年８０００万ポンド（約１３０億円）以上の価値があり、同市には２３０００件以上のビートルズ関連の雇用があるという。もう解散して、半世紀が経とうというのに……。

ビートルズは、活動期間内に母国イギリスで12作のアルバムを発売し、11作が全英アルバムチャートで週間第1位を獲得した。年間売り上げ最高アルバム４作と第1作『プリーズ・プリーズ・ミー』による連続30週第1位は、いずれも１９６０年代の最高値である。シングルは22作を発売し、その内17作が第1位を獲得。アメリカなど世界各国においても未曾有の販売数を記録し、全世界での総レコード・カセット・ＣＤ・ダウンロード・ストリーミング等の売上総数は６億枚を超えており、ギネス・ワールド・レコーズで、「最も成功したグループアーティスト」として認定されている。

次に、ビートルズの「希少性」について分析してみよう。ビートルズの「希少性」は、単なる音楽現象というだけでなく、社会現象でもあった点である。ビートルズ以前は、シンガーであれバンドであれ、プロの作詞作曲家から曲を有り難くいただいて、それをレコードにし、プロの演奏家とともにコンサート活動を展開するというパターンが恒常化していた。それをビートルズは見事に覆し、世界中の人々にカルチャーショックを与えたのである。近所の音楽好きな若者が集まって、楽器を練習し、バンドを組み、おまけに自分たちで作詞作曲までやってのけ、世界中をツアーし、それで世界を制覇したのであった。その営為は、世界中の若者たちに勇気を与えたと同時に、既存の権威に対する挑戦でもあった。

ビートルズは、親や学校の教師が反対しても、自分に信念があれば、自分の選んだ道を進んでいいのだ、と教えてくれた。ビートルズは、当時の世界中の若者たちのオピニオンリーダーでもあった。このような存在は、音楽史上、ビートルズが最初であったと思う。ここに、ビートルズの最大の「希少性」がある。

さて、ビートルズの「模倣困難性」についてであるが、これは、世界共通の部分と、それぞれの国ごとの困難性、すなわち「媒介変数」(parameter)が存在する。

世界共通の部分から言うと、ビートルズの曲は、一見、コピー（模倣）しやすく見える。しかし、いったんそれを試みようとすると、なかなか難しいことに誰もが気づかされる。ハーモニーが斬新で（通常は3度のハーモニーをつけるがビートルズは4度で、ときには5度のハーモニーさえつける）、当時のビートルズをコピーしようとするミュージシャン（アマチュアだけでなくプロも含む）を途方に暮れさせた。コード進行も独創的で、「えっ、ここでこうくるか！」と唸らされることもしばしばだ。また、聴いたこともない不協和音をともなったコードが突然出てきたりもする。代表的なのは、出だしのギターコードのワンストローク一発で世界中のビートルズファンの心を鷲掴みにした「ア・ハード・デイズ・ナイト」のオープニング・コードだろう。このコードは、これを何とか解析しようと試みる音の専門家がいるくらいの「模倣困難性」を有している。今のところ、コード名はFadd9と仮置きされている。

日本では、ここに言語の壁と「ヨナ抜き音階」（「四七抜き音階」とも表記され、西洋音楽の長音階に当てはめたときに、主音ドから四つ目のファと七つ目のシがない音階のこと）がビートルズのコピーを一層困難なものにした。

当時の英語教師の発音の悪さは、今思い返せば、もう犯罪に近い。忘れもしない中学1年時の英語とのファースト・コンタクトにおいて、私たちは、「デス・イズ・ア・ペン」の唱和を何度も何度も教師から強要された。当時の日本の英語教育には、thの正しい発音は存在しなかった。植木等風に言えば「これじゃ英語なんかできるわけないよ♪」である。加えて、「ヨナ抜き音階」がしみついていた当時の日本人には、西洋風のメロディーをつくることが困難であった。

しかし、そこに救世主が忽然と現れた。英語の必要性のないインストロメンタルグループ、ヴェンチャーズの登場によって、我々は課題解決の糸口をつかんだ。我々は、明けても暮れてもヴェンチャーズの「エレキ・サウンド」をコピーすることによって、ロックンロールに必要な音楽的基礎スキルを学んだ。そして、そのスキルに「ヨナ抜き音階」のメロディーをつけ、日本語で歌ったのが、グループ・サウンズ（いわゆるＧＳ）と呼ばれた歌うバンド群であった。こうして、我々は、プロセスを踏みながら、ビートルズのように演奏して歌うという課題を解決していった。エレキ・ブームもＧＳブームも、日本のポップスの発展には欠かせない「プロトタイプ」であった。

最後に、ビートルズを支えた「組織」について語ろう。これは、最初ビートルズの「強み」であったが、最終的には、状況の変化により「弱み」に変化し、ビートルズ解散の一因にもなった。

ビートルズのマネージャーだったブライアン・エプスタインは、もともとビートルズのリヴァプールでのライブ拠点であったキャヴァーンクラブから目と鼻の距離にあるイングランド北部最大のレコード店「ＮＥＭＳ」（ノース・エンド・ミュージック・ストア）の責任者であった。その彼が、彼のレコード店にくる客の間で度々話題にのぼるビートルズというグループの演奏を一度聴いてみようと思い、キャヴァーンクラブの薄暗い階段を降りていったのが、ビートルズの成功物語の始まりだ。

彼は、一瞬のうちにビートルズのカリスマ性を見抜き、すぐにビートルズのマネージャー役を買って出た。ブライアンは、献身的な努力とビートルズへの愛情を携えて、ロンドンのレコード会社に幾度となく足を運び、ついにレコードデビューを勝ち取って見せたのだ。そして、アリステア・テイラー（ビートルズの私生活の相談役）、マル・エヴァンス（ボディガード）、ニール・アスピノール（ロードマネージャー）、ピーター・ブラウン（契約担当）、デレク・テイラー（広報担当）というリヴァプールの仲間で「チーム・ビートルズ」を構成し、ロンドンへ乗り込んでいった。彼らをつないでいた絆は、ビートルズに対する愛であった。

この「ビートルズ・リヴァプール・プロジェクト」（私の造語）は、ロンドンの「メン・イン・スーツ」（背広組）にはない、献身的な行動で、ビートルズを支え、ビートルズをイギリスのビートルズから世界のビートルズに押し上げた。その功績は、いくら称えても称えすぎることはない。

しかし、彼らには、ビートルズが生み出す巨額の富から受け取れるはずの正当な配当を、ビートルズと自分たちのもとに持ってくるビジネス・マインドが欠けていた。ブライアンには、楽曲の著作権についての知識が殆どなかった。さらに、ビートルズ関連グッズの商標権についても、それを行使する術を知らなかった。ビートルズ自身もそういうことには無頓着だった。

これらの視点からみれば、「ビートルズ・リヴァプール・プロジェクト」は、時の経過とともに、「組織」としての潜在的「弱み」を露呈したと言える。その延長線上で、ビートルズの理想（音楽を背広組から音楽家の側に引き寄せようとする原点回帰指向）の象徴でもあったアップル・オフィスの崩壊も捉えることが可能であろう。そのオフィスが、「背広」の語源であるロンドンの「サヴィルロウ」にあったのは、皮肉と言えば皮肉だ。

ブライアンの死後、マネージャーに就任したのは、アメリカ人辣腕マネージャー・アラン・クラインであった。クラインは、ブライアンがＥＭＩと結んでいた不平等なレコード契約を本来の姿に戻した。そして、その見返りとして自分も多くの取り分を要求した。クラインは、合法非合法間のグレーゾーンで暗躍していたので、「業界ではその怪しげな取引を知らぬ者はいなかった。」[21] そのダーティかつビジネス・ライクな手法は、それまでビートルズ・ビジネスを支えてきたリヴァプール的アマチュアリズムとは対極にあるプロフェッショナルな非情さに徹したものであった。クラインは、ブライアン及びビートルズとの個人的関係でビートルズ・ビジネスに参画してきたスタッフ、つまりリヴァプール組のほとんどを、非合理的と断じてアップル・オフィスから整理した。

クラインは、ビジネスマンとしては有能だった。ローリング・ストーンズ、キンクス、アニマルズといった破竹の勢いのブリティッシュ・ロック勢の財政面を取り仕切ってきた。加えて、音楽にも詳しかった。しかし、クラインには決定的に欠落していたものがあった。それは、取り扱ったグループへの愛だっただろう。彼にとって新たに契約したビートルズも、ビジネスコンテンツ以上のものではなく、ビートルズの感情への配慮はほぼ皆無と言えた。ビートルズが音楽的創造性に集中できる環境を確保しようとする試みは、クラインのビジネス活動上には存在しなかった。

それゆえ、ビートルズのメンバーは、自分たちへの愛が感じられたブライアンの失敗なら、仕方なく許してきていたが、クラインの多額な取り分には、特にポールが不満を隠さなかった。それが、ポールと他の3人の間に確執を生み、ビートルズは、アップルパイの分け前をめぐる争いの中で、解散を余儀なくされることとなっていった。

ビートルズは、「組織」としては、最後まで「弱み」を修正できなかった。「愛こそはすべて」（All You Need Is Love）と世界に向けてメッセージを放ったビートルズが、最後は「お金こそがすべて」（All We Need Is Money）のかたちを残しつつ解散に至ったのは残念であった（決してそれだけが解散の原因ではなかったが）。だが、ビートルズのアップル・オフィスが掲げた理想主義と常に新たなものにチャレンジしていくマインドセットは、ＩＴ業界の一番手アップル社に引き継がれ、より現実的なヴィジョンを内包しつつ、成長している。

ビートルズは、上記のような経緯で解散に至ってから半世紀を経ても、いまだ世界中で高い認知度を誇っている。しかし、私は、ビートルズ研究者のはしくれとして、ビートルズの偉業と功績を後世につなげ、さらに強固な歴史的評価にま

アメリカのシラキュース大学でビートルズに関する講義を行う私。

で高めていきたいと願う。それは、野望というより、義務だと心得ている。ビートルズには、私の人生をポジティブなプロセスに導いて貰った恩があるので、ささやかながらの恩返しは、当然のことだろう。

そこで、最近では、恥かしながら、積極的に海外へも自身の研究成果を発信している。アメリカのシラキュース大学、オーストラリアのシドニー工科大学、台湾の開南大学、高雄師範大学、韓国の釜山外国語大学等でビートルズに関する集中講義や講演を行った。Amazon Kindleからはe-bookの形態で、*The Beatles' Untold Tokyo Story: Music as a Socio-Political Force*を世界に問いかけた。

40代、50代は、まだまだビートルズを楽しんでいたが、60代になって、ビートルズでご飯を食べさせて貰ってきた者の責任を意識するようになった。それはと言うのも、ビートルズの音楽がいまだ鮮度を失わず、今聞いても、初めてビートルズの曲を聞いたときの感動が甦るからである。私が70代を迎えたときのビートルズと私の関わりは、どうなっているのかと、想像してみたりする……。

1 溝上慎一、成田秀夫編『アクティブラーニングとしてのＰＢＬと探求的な学習』（東信堂、2016）14。

2 鈴木敏恵『課題解決力と論理的思考力が身につくプロジェクト学習の基本と手法』（教育出版、2012）45。

3 経営情報学会「全国研究発表大会要旨集」（経済情報学会、2015）抄録。

4 Brown, Tim. *Change By Design: How Design Thinking Transforms Organizations And Inspires Innovation.* New York: HarperCollins Publishers, 2009.23.

5 ウ、ジャスパー『実践・スタンフォード式デザイン思考：世界一クリエイティブな問題解決』（インプレス、2019）3。

6 Blown, *op.cit.*, 24.

7 ウ（前掲書）29。

8 前掲同書、118-119。

9 小田ビンチ、坂本勲、監修・田村大『まんがでわかるデザイン思考』（小学館、2017）17。

10 前掲同書、24。

11 前掲同書、82。

12 前掲同書、106。

13 前掲同書、166。

14 前掲同書、204。
15 前掲同書、205。
16 前掲同書同頁。
17 前掲同書同頁。
18 鈴木（前掲書）84。
19 田沢貴『なぜビートルズは60年経っても売れ続けるのか：フレームワークを駆使し、持続可能なKFS（成功の鍵）を究明する』（幻冬舎メディアコンサルティング、2018）14。
20 前掲同書、26。
21 Granados, Stefan. *Those Were the Days*. London: Chery Red Books Ltd., 2002. 84.

第5章

ＰＢＬの進化形である「山口モデル」の提唱

５－１「山口モデル」の特徴

本書で何度も触れてきた「山口モデル」の特徴は、以下の如くである。

１　単位化を必須条件とする。ただし、単位数は、各大学の決定に委ねる（ゼミ研究に採用するか卒業研究に採用するかで大きく異なる）。

２　活動期間は、１年間とする（着想、発案、実装のプロセスを経て最終成果物に至るには、半年間では短すぎると考える）。

３　連携先をパートナーズと総称することとし、各大学と各パートナーが協力して、学生の課題解決能力を「共育」する（大学側は指導教官を、パートナー側は窓口担当者を各プロジェクトに配属する）。

4 パートナーズは、PBLの活動費用として、年間20万円を拠出する（補助金、寄付金、委託金等のうち、いずれの形態をとるかは、各パートナーの都合によって異なってよい）。大学側は、それぞれの大学の事情にしたがって、費用を拠出する（理想的には、パートナーズと同額）。

5 活動に際しての保険、守秘義務、知的財産権、個人情報、成果物から派生した利益の取扱い等を記した契約書（覚え書き）を2通作成し、大学、パートナー双方が1通ずつ保有する。

6 最終発表会は必ず実施する（パートナーズにも公開とする）。

7 学生の評価は、最終的に指導教員が行うが、パートナーに意見を求め、それを参考にしてもよい。

ここで、一番質問を受けるのは、「パートナーズに負担して貰う20万円の根拠は？」である。はっきり言って、これに論理的な根拠はない。20万円は、「パートナーズが出しやすい相場感」と答えるしかない。企業によっては、30万以上は、通す会議が違ってくるところもある。ここらあたりの社会的相場感にまで、大学のロジカルシンキングを持ち込もうとするスタンスがナンセンスと、失礼ながら言わざるを得ない。

各パートナーと各大学からの拠出を合わせた予算は、主に学生のフィールドワーク費用、合宿費用、書籍購入費用、プロトタイプ製作費用、文具購入費用等に使われる。NGなのは、費用が余るからといって、パソコン、タブレット、テレビ等の備品を購入することだ。パートナーズからみれば、1年間の活動費を援助しているのであって、大学側の備品を整えるのに使用されると「それは筋が違う」ということになる。読者からは「そんな社会常識のない指導教員がいるの？」と問われるかも知れない。正直に言おう。「それが、結構いるのです！」と。

加えて、あるパートナーが、依頼した課題を解決するには20万円以上の予算が必要と判断した場合は、20万円を越える金額をオファーすることもできる。逆に、大学側及びプロジェクト参加学生が、解決にはさらなる活動をしてみたいと望み、学内外の競争的資金獲得を目指すこともあり得る。

上記のような特徴から、「山口モデル」は、企業、行政、NGO等大学外から与えられた課題を通して、社会と協調しながら課題解決に取組む社会連携型PBLの最も進化したかたちだと、自信を持って言える。そこでは、広く地域社会レベルの課題から個別企業の抱える課題まで、様々な課題が想定され得る。また、社会連携型PBLとは言えども、学生たち自身による課題発見が理想なので、学生たちが企業・行政・NGO研究を入念に行い、課題を自己発見して、パートナーにプレゼンテーションし、PBL契約（契約書には、パートナー代表者と大学代表者が署名する）に至る形態もあり得る。「山口モデル」では、山口大学国際総合科学部、梅光学院大学で実績がある。

ちなみに、小樽商科大学のPBLが「山口モデル」と同じような二形態方式を取っていて、学生が課題を発見・提案し取り組む「提案課題型コース」と、大学から与えられた幾つかの課題から学生が選択し課題解決に取組む「選択課題型コース」に分けられている。

5-2　大学と社会をマッチングするコーディネイターの存在

社会連携型ＰＢＬをスタートするとき、あるいはスタートした後も中長期的な継続を目指すとき、大学と社会をマッチングするコーディネイターの存在は必要不可欠だ。これは、私だけの意見ではなく、すでにＰＢＬ関係者の間では定説にまで至っている。

しかし、このコーディネイターの人選を間違えると、大学にとっても地域社会にとっても悲しい結果しか待ち受けていない。幸い我々「山口モデル」参画大学は、有能なコーディネイターを抱える幸運に恵まれた。コーディネイターに相応しい資質を普遍的に語ることは、私にはキャパシティーオーバーなので、我々「山口モデル」のコーディネイターの資質をここに示しておく。

1　幅広い人脈を地域社会に持っている。
2　フットワークが軽い。
3　PBLに関する世の中の動向を常に注視している。
4　粘り強く交渉することができる。
5　私の愚痴を我慢強く聞いて（聞き流して）くれる。

以上だが、逆に言えば、以下のような人をコーディネイターとして雇用したらまずいと、個人的に思う。

1　過去の肩書で仕事をしようとする。
2　電話やメールで全てを済ませようとする。
3　無駄足に終わることを極端に嫌う。
4　期限を守れない。

5　私の愚痴を聞いて（聞き流して）くれない。

ある日、ここで紹介しているコーディネイターから、「面白い資料があるよ」と1枚の書類を渡された。話は少し逸れるが、それをここに紹介してみたい。私は、その書類を一見した途端、思わず吹き出してしまった。それはSIRIUS INSTITUTEからの〝Simple Sabotage Field Manual〟と題されたものだった。以下に引用してみる。

「組織を機能不全に陥れる手法」
・常に文書による指示を要求せよ。
・準備を十分に行い、完全に準備ができるまで実行に移すな。
・常に些細な仕事から取りかかれ、重要な仕事は後回しにせよ。
・些細なことにも高い完成度を要求せよ、わずかな間違いも繰り返し修正させ、小さな問題も見つけ出せ。

・重要な決定を行う場合は会議を開け、また、意思統一のためできるだけ長時間議論せよ。
・もっともらしいペーパーワークを増大させよ。
・指示や決裁の手続きを多重化せよ、全ての決裁者が承認するまで仕事を進めるな。
・全ての規則を隅々まで厳格に適用せよ。
・何事をするにも「通常のルート」を通して行うよう主張せよ、決断を早めるためのショートカットを認めるな。
・可能な限りの事象を委員会に持ち込み、「さらなる調査と熟考」を求めよ。委員会のメンバーはできるだけ多くせよ。
・議事録や連絡用文書、決議書などにおいて、細かい言葉遣いについて議論せよ。[1]

私の知る限り、日本の大学の半分くらいには、上記の全項目が当てはまると思う。それだけに、日本の大学関係者が上記の文を見ても、反省するどころか、「何が悪い」と開き直るのがオチだ。一方、殆どの企業関係者は私と同様に笑いだすだろう。ちょっと前の企業のあり方も大学と同様だったからだ。ある企業人は、上記の全項にノスタルジアさえ感じて、うつろな目で回想するかも知れない。

そう言えば、私が25年くらい前に働いていた会社も、上記の全ての項が当てはまっていたように記憶する。しかし、多くの日本企業はすでに意識改革を断行し、急激に変わりつつある。もし万が一、現在でも上記の事項の全てに当てはまる企業があったら、その企業は、次の5年間の存続が確実に危うい。勿論、私の勤めていた会社も意識改革はとっくに完了している。

ここで言いたいのは、自己改革を終え、仕事のスピード感においてグローバル・スタンダードに近づきつつある日本の企業と、煩雑な手続きが邪魔をして、スピード感ゼロの日本の大学（学生には「グローバル化に遅れるな！」と言いつつそうだから笑えない）とをマッチングするのは、大変な忍耐力が要るということだ。コーディネイターは、さぞかしストレスが溜まることだろう。

言い換えれば、社会連携型ＰＢＬでは、上記の書類からの引用文が、いかに時代錯誤かを大学人に教え込む作業から始まると言っても過言ではない。PBLの真骨頂は、決められた期限内に仕事を仕上げるスピード感が生命線だからである。加えて、熟考と煩雑な手続きを避けて、行動から課題解決の糸口を探ろうとするスタンスも大切だ。すなわち、既存の手法に代わる新たな手法（alternative method）が重要なのだ。ゆえに、従来の価値観と新たな価値観の融合を図るコーディネイターの仕事（マッチング）は、なかなか、骨の折れる作業と言えよう。

それなのに大学人は、とかく、コーディネイターの貢献を軽視しがちだ。自分たちにマッチング作業を担うスキルが不足している（中にはスキルのある教員もいる）、あるいはその時間がとれないので、アウトソーシングしている状況への自覚が足りないと感じる。そのアウトソーシングが上手くいかなければ、社会連携型ＰＢＬは1ミリも動かないのに、学外コーディネイターに感謝の念が薄い傾向は否めない。ＰＢＬが今以上に一般的になるにつれて、コーディネイターの社会的評価はもっと高まるべきだ。さらに苦言を呈せば、企業や地方自治体から協力を取り付け、ＰＢＬ担当者を配して貰い、20万円の資金を獲得してくることがどんなに大変か、もっと大学人は認識して欲しい。

この項、少し皮肉っぽくなっている自覚はある。実はかく言う私もコーディネイター同様に、些かストレスが溜まっているのだ（私も「山口モデル」の初期段階ではマッチングの大部分を担っていたし、今でもマッチングを手伝うときがあるゆえ）。誠に申し訳ないが、この機を捉えて、自身のストレスをも発散させて貰った。ここは寛容の精神をもって、本書を読み続けていただきたい。

5-3　企業・地方自治体等（パートナーズ）からの活動支援金獲得

パートナーから支援金を支出して貰うことの意義は、第1義には、学生のPBL活動資金確保がくる。しかし、それだけではない。パートナー側は、この支援金を支出するためには、稟議を経なければならない。地方自治体は、議会の承認を得なければならない場合もある。それらの過程で、社内や自治体内に情報が共有され、組織のPBLに対する認識度が高まることが第2義にくる。第

3義には、パートナー、大学の双方に生まれる責任感がこよう。いくばくかの資金提供及び受け入れが存在すれば、その資金の額に似合った成果物が期待されるのは、世の常である。パートナー、大学には、お互い協力して責任を果たす義務が生ずる。

さらに言えば、学生は、予算が決められていないと、夢のような計画を立ててしまうことがよくある。「いったい、その計画にはいくらお金がかかりそうなの？」と聞きたくなるときがある。勿論この際の発話行為（speech act）は、「質問」ではなく「そんなの予算がかかり過ぎる」という「否定（ダメ出し）」である。予算内でＰＢＬを最後までやり遂げるのも、社会連携型ＰＢＬの「学び」の一つである。

この「学び」は、仮想空間で考えることが主体のチュートリアル型では体得できない。予算という現実を受け入れ、そこに創意工夫を施して、課題解決に取組んで欲しい。学生が社会に出て、いろんなプロジェクトで仕事するとき、一丁目一番地は予算内で仕事していくという姿勢だ。

ちなみに、この活動資金調達は、数がまとまれば、一定の外部資金獲得につながることも強調しておきたい。「山口モデル」の場合、一大学で20プロジェクト成立させれば、1年間で400万円の外部資金獲得になり、10年間平均20プロジェクトを保てば、4000万円になる!!!

5-4 ベストの解決(理想解)ではなくベターな解決(現実解)の追及

チュートリアル型PBLなら、仮想空間でプロジェクトを展開するので、ベストの解決(理想解)を求めることができる。しかし、社会連携型PBLは、現実社会が相手なので、ベターな解決(現実解)を求めていく「しかない」。ここでの「しかない」が含意するものは、「妥協」である。繰り返しになるが、状況によっては「妥協」することも現実社会では必要なスキルである。私がそう言うだけでは胡散臭いので、例をあげて説得力を増してみよう。

英語では配偶者のことを〝better half〟と呼ぶ。決して〝best half〟とは言わないのだ。どこかロマンティックな情感を大切にする日本語に比べて、プラグマティックな理念が色濃い英語では、「結婚相手としての理想的人物なぞこの世には存在せず、比較論の中で、現実的な相手を見つける、すなわち妥協するしかないのだ」と配偶者選びを定義しているのだ。その一種の悟りの境地を言語化したのが、〝better half〟なる比較級使用なわけだ。そこで、誤解を恐れず言ってしまおう！「妥協」と「嘘」は、神が人間にだけ与えてくれた「天賦の才」(gift)なのだから、それを「自分たちで生きる知恵にまで進化させる才」(talent)が、我々の日常において求められている⁉と（この記号はスポーツ新聞の常套手段からの流用）。

だから、実現可能な課題解決を求められるPBLでも、「妥協」は必要だ。いくら議論が白熱してきても、どこかに「落としどころ」を見出して粘り強く交渉していくのが、タフ・ネゴシエイター、あるいはタフ・クリエイターに成長するための秘訣であろう。

5-5　最終成果物（solution）は必ず出す

「ＰＢＬは成果よりもプロセスが大切だ」と言われているし、従来のＰＢＬ関連本にもそう書いてある。私も、「プロセス」こそが「学び」に繋がり、学生にとって、社会に出てからの財産になると確信する。大学の視点からみれば、これは正論だ。しかし、「山口モデル」では、パートナーズに資金提供をして貰い、正式に窓口担当者も任命して貰って、学生を大学とともに「共育」するのだといった気概も共有して貰っている。パートナーズの中からは、「成果が十分なものでなくても、ＰＢＬが学生の学びの場になり、日本の将来を担う人材に育って貰えばいい」と、涙が出そうになる言葉を聞くときもある。

しかし、大学側は、その言葉に甘んじていていいのだろうか？　私が企業経営者なら、「そんな大学の都合につきあうのは、せいぜい1、2年だな」と思うだろう、いや、きっとそう思うはずだ。なぜなら、企業にとって、20万円の拠出より人員をＰＢＬにあてている人件費のほうがはるかに負担なはずだ。それを考慮すると、お気楽に「成果よりプロセス」と声高には叫べない。

「山口モデル」では、結果的に優劣の差の出ることは致し方ないとしても、最初から「成果は副次的なもの」等とは、間違っても口にしてはいけないとするスタンスで臨んでいる。「山口モデル」のアドヴァイザーを務めていると、それぞれの大学が先生方を集めて開くＰＢＬのＦＤに講師として招かれることもある。そんなときは、「成果をあげることに全力を尽くす。その成果主義を前提としたプロセスでないと、本当の学びにはならない」と強調している。その熱度が伝わったときはじめて、大学とパートナーの間に絆が生まれる。

5-6　学内評価より学外評価

「山口モデル」では、学生がＰＢＬの進捗と成果を発表する機会を各大学で持つことを強く推奨している。構想書発表会、中間発表会、最終発表会がＰＢＬのフェイズに応じて開催されることが望ましい。なぜなら、自分たちの成果を効果的に発信していくためのアウトプット能力を育てることは、ＰＢＬの重要項目だからだ。それゆえ、「山口モデル」では、最終成果発表会における評価を重要視する。

その最終発表会は、大学関係者だけでクローズドにするのではなく、パートナーズは勿論のこと、ＰＢＬに興味を抱き、将来的に自分たちのところでも導入を検討している企業及び諸団体にもオープンにされるべきだろう。そうすれば、学生たちの間に緊張感が生まれ、彼らは、自分たちのプレゼンテーション能力を向上させて、少しでも地域社会にアピールしようとする。それがひいては、地域社会における大学や学部のブランド力向上につながっていく。加えて、「山口モデル」では、参画４大学による合同最終発表会も開催することにしている（詳しくは第7章で触れる）。

また、「山口モデル」では、ＰＢＬ発表の場を大学外に求めることもサポートしている。例えば、積極的に大学を飛び出して、街で行われるイベントでＰＢＬの成果を発表することも、とてもよい発信機会だ。

令和元年11月に周南市立駅前図書館で行われたシンポジウム「台湾と山口とのつながり～過去、現在、未来～」のチラシ。

令和元年11月24日に周南市立駅前図書館で行われたシンポジウム「台湾と山口とのつながり～過去、現在、未来～」において、山口大学国際総合科学部の「山口県美祢市への台湾からの観光インバウンド増」を課題とするＰＢＬプロジェクトが、周南市長や美祢市関係者や産業界の人々もフロアから見守る中、物怖じしない成果発表を行った。

その際、自分たちで撮影した美祢市の秋吉台、秋芳洞、弁天池等の観光地紹介や、地元のグルメ商品を台湾にアピールしたりする映像が発表された。全員が台湾に1年間の留学経験のある学生で構成されたプロジェクトの特徴を生かして、学生たちの手による中国語の字幕が添えられており、そのことにより、他の観光プロモーションビデオとの差異化が図られていた。その動画を「プロトタイプ」として、台湾を代表するテレビ局である中天電視とグローバルネットワークを持つDiscovery Networks Asia -Pacificに自分たちで売り込みをかけ、双方に興味を持って貰い、スポンサーさえつけば、そのテレビ局のスタッフが美祢で映像を撮り直し、放送する計画だと言う。

こんな展開は、大人なら「無理だよ」の一言で諦めるのが常だ。それをいとも簡単にやってのけた怖いもの知らずの行動力には、フロアの誰もが驚いていた。

彼らの発表は、シンポジウムを盛り上げたにとどまらず、彼らのプレゼンテーション能力の向上にもつながったと思う。学内評価とともに学外評価をも受けてみようとする勇気が齎した快挙であった。

5-7　地元ラジオ番組からの発信

「山口モデル」は、ＰＢＬ活動の進捗状況を発信する独自のラジオ番組を持っている。県内全域及び愛媛、大分、福岡の一部で受信可能な中波ラジオ番組「お昼はＺＥＮＫＡＩ、ラヂオな時間」（ＫＲＹ山口放送、月～金：正午～午後３時半）の「Across the Borders, グローバル世界に Catch UP !!」（毎月第一水曜日午後1時10分から1時30分）なるコーナーがそれだ。

そこでは、各大学の学生たちが、自分たちのプロジェクトの活動内容や活動目

ラジオ番組で学生たちは自分たちのプロジェクトの活動内容や活動目的を飾らない学生らしい言葉でトークを展開し好評を得ている。

的について、飾らない学生らしい言葉でトークを展開する。その初々しさと大人が失ってしまった新鮮な視点と語り口がリスナーに好評だ。およそ、3年続いている。

私は、各大学のPBL責任者を通して、プロジェクト参加学生を紹介して貰い、事前に打ち合わせをし、放送原稿を作成して、それをディレクターに渡す。いわゆるプロデューサー的役割を果たしている。

20分間（その間コマーシャルは入らない）という時間は、聴いているほうは結構な時間尺だが、しゃべっているほうは「あっという間」に終わってしまう感覚だ。その時間内に、自分たちの言いたいことをキャッチーに話さなければならない。加えて、男性は「車を運転しながら」、女性は主に「家事をしながら」という、いわゆる「ナガラ族」がメインリスナーだということも想定してしゃべらないといけない。「分かるように話す」より、「感じるように話す」スキルが必要なのだが、意外と学生はそのことを直感的に理解しており、リスナーの反応もいい。

絶望的なのは教員が出演したときで、多くの教員（全員とは言わない）は、職業柄「分かるように話そうとする」。「ナガラ族」は、ラジオから伝わってくる雰囲気を楽しんでいるのであり、講義を聞いているのではない。そのことは、事前に打ち合わせで徹底しているのだが、学生のように素直ではないので、どうしても「教えたい性」が前面に出てしまう。おまけに、PBLとは関係ない自身の研究業績自慢を延々としゃべり始めたら救いようがない。そんなときは、軽く殺意さえ沸いてきたりする（苦笑）。

いろいろ、苦労しながら継続している番組だが、リスナーのほどよい反応と、KRY山口放送の熱意のおかげで、PBLへの県民の認知度はかなり上がってきた。全国の方々も、是非「ラジコ」で、番組を楽しんでいただけたらと思う。

5-8　研究者の研究シーズをベースにしたPBL

社会連携型PBLでは、社会の課題を学生が解決していこうとするのを教員は裏で支えていかなければならない。いわゆるファシリテイター役を求められているのだが、もともとそういうＤＮＡを多くの大学教員は体内に宿していない。学生以上にＰＢＬに戸惑っているのは、実は、自分の研究一筋でやってきた大学教員だとも言えよう。元来社会的適性がないゆえ、研究室に籠って自分の世界にどっぷりつかっていたくて、大学院の博士課程にまで進み、やっとの思いで博士論文を書いて、せっかく研究職についたのに、「いきなり社会と学生をつないで一緒に何かやれって言われても、どうしていいか分からない」と思う気持ちも、分からないではない。

それでも、時代はそういう研究者にＰＢＬへの免罪符を与えてくれそうにない。それなら、研究者の研究シーズと社会のニーズをマッチングして、そこに興味を持つ学生を呼び込み（この学生重視の視点がなければ、従来の受託研究と差別化できない）、ＰＢＬプロジェクトを形成する策を模索するしかない。というか、それを用意してこそ、「山口モデル」は多様性を帯び、完成の域に達するのだとさえ思っている。

当然、社会のニーズではなく研究者のシーズに合わせるマッチングは、困難を極める。しかし、学生が課題を自己発見していく理想形を「山口モデル」は有しているのだから、教員にも理想形が用意されてしかるべきだと考える。そこで、私は現在、ＣＣＣ（Culture Convenience Club Company, Limited）が運営する周南市立徳山駅前図書館とタイアップして、私の研究シーズである音楽社会学を基軸とした取組みを行っている。これを、研究者シーズベースＰＢＬのロールモデルにしたいと思い、試行錯誤中である（詳細は、事例紹介の章で述べる）。

1　SIRIUS INSTITUTE OSS "Simple Sabotage Field Manual".

第6章

PBLの落とし穴

6-1 「課題自己発見神話」への執着

先述したように、課題は自己発見でなくてはならないという「神話」を絶対無二の「実話」と勘違いして指導する教員が少なくない。社会連携型PBLの指導にこの「神話」（チュートリアル型PBLではこれは可能だ）を持ち込むことが、企業・自治体等の提携先（「山口モデル」ではパートナーズ）との間にトラブルを生む一番の要因である。実際、「山口モデル」のパートナーズからの苦情はこれが一番多い。社会連携型PBLの一番大きな「落とし穴」と言っていい。「山口モデル」でも、学生がある組織の課題を発見し、アポを取り、そこへ出向いてプレゼンをして、理解を得て支援金も獲得し、プロジェクトの立ち上げに自分たちの力のみで成功した場合は、社会連携型ＰＢＬの理想形として認めている。しかし、そういうプロジェクトは。１割程度なのが現状だ。

残りの９割、すなわち、コーディネイターを通してマッチングが成立したプロジェクトは、まずは企業・自治体から出された課題を優先しないといけない。今抱える現実の課題に、学生の視点を入れて、一緒に解決に取組んでみたいとするパートナーが殆どだからである。それでも、自分たちの課題を提示はするが、学生とも話し合って最終課題を設定したいというパートナーもある。加えて、幾つかの課題を学生に与え、その中から選んでくださいとするパートナーもある。

ここで強調しておきたいのは、教員側が「神話」をミスリードして（チュートリアル型の理想を社会連携型に無理やり適用して）、パートナーの意図に反する課題を設定してしまうのはタブーだということだ。はっきり言って、それは教員の勉強不足（準備不足）だ。社会連携型ＰＢＬに関わる全ての教員には、チュートリアル型と社会連携型との課題設定におけるスタンスの違いは、最低限、認識しておいて欲しい。

5つか6つの課題をあるパートナーが提示して、「その中から選んでいいです」と大学側に伝えたのに、それ以外の課題を自己発見したと言って、学生が逆提示してきたという例すらあった。その逆提示課題は、パートナーからすれば、自分たちの課題でも何でもなかったゆえ、当然ながら苦情が入った。

この苦情は、大学側に伝え、もとのパートナーが提示した選択肢の中から課題を選び直して貰うことで解決したが、当然ながら次年度の契約は成立しなかった。その年度の契約まで破棄されないように謝罪するのが、私とコーディネイターとしては精いっぱいだった。

6-2 初期段階での許される失敗を最終段階での失敗に拡大解釈

次に多い苦情は、「PBLにおける失敗神話の拡大解釈」である。教員が学生に「PBLは失敗から学ぶことに意義がある」と説明し、最終成果も失敗してもよいと学生に誤解させてしまう場合だ。確かに、課題解決のプロセスでの失敗は許される。それを修正していく過程が学生にとって「学び」になるからである。また、そもそもプロトタイプで失敗だと判明することは、プロトタイプの優位性ですらある。プロトタイプ時点で失敗が判明すれば、方向性の選択肢が一つ減り、焦点を絞り易くなり、プロジェクト自体が最終的な失敗に終わることをかなりの確率で回避できるのだ。

それでも、教員は言うかも知れない。「最終段階で失敗と分かっても、学生はプロセスを学んだという学習効果は残る」と。

それは、大学の論理であって、社会的に通用する論理ではない。この手の教員には、もっと社会性を身につけて欲しいと切に願うばかりだ。プロセス時の失敗を拡大解釈し、最終段階での失敗まで肯定してしまうことは危険だ。パートナーズからすれば、一生懸命1年間取り組んで、結果として失敗だったというのなら、まだ分かる。でも、最初から失敗を想定内事項としてＰＢＬに取り組まれては堪ったものではない。

6-3 責任感の欠如

企業・自治体等とのマッチング交渉は、最終的には、ＰＢＬ担当教員ができるようにならなければ持続可能なＰＢＬ活動は難しい。初めはコーディネイターに頼っても、数年後には、各大学が自立してＰＢＬ全体を運営できるようになることが望まれる。

しかし、そのことへの自覚が足りない教員が少なからずいる。そんな教員は、マッチングが如何にタフな交渉かを理解していないので、パートナーへの次年度契約に対する意向を聞く作業すら、「それはコーディネイターがやる仕事でしょ」と公然と言ってのけたりする。それでは、何時まで経っても自立できない。

また、そういう教員は、パートナーとの日頃のコミュニケーションが取れておらず、おまけに、ＰＢＬ指導へのモティベーションも知識も低いことが多い。加えて、指導はいい加減で、学生主体というＰＢＬの基本姿勢を言い訳に、全てを学生に丸投げしてしまう傾向も強い。

先述の通り、学生主体とは言っても、指導教員は、学生の活動状況を常に把握し、パートナーと学生の間に問題が生じてないかを常にチェックしておかなければならない。「見守る」教育は、「引っ張っていく」教育より難しいのである。「私は、学生の自主性を醸成するために、全てを学生に任せています」という姿勢は、あまりに安易過ぎるし、無責任だ。そういう教員が指導するプロジェクトは、地域社会との絆を深めるどころか、地域社会での大学の評価を落としてしまう怖さを内包している。

もう一つ、これは論外だという例を挙げておこう。パートナーからの支援金を使いきれないプロジェクトが発生してしまうことだ。余った資金をパートナーに返還できるのならいいのだが、寄付金の場合、返されてもパートナーは経理処理に困る。パートナーは、ＰＢＬの活動に資金を提供したのであり、大学運営に資金を出したのではないことを、大学側は肝に銘じておこう。いくら寄付金という名の支援であっても、言い訳は利かない。

上記のような幾つかの落とし穴の存在ゆえ、社会連携型ＰＢＬは、諸刃の剣だと言える。指導教員と学生が、強い責任感と相当の覚悟でＰＢＬに臨んだときにのみ、福音（gospel）は訪れる。

６-４　方法論の欠如

「社会連携すればいいんだろう。地域でインベントをやって、それを地域の人にも喜んで貰って、『お互いＰＢＬをやって良かったですね』とパートナーに言って貰えたら、それで万々歳だよね。それ以上、ＰＢＬに何を望むんだい？」という高邁な理論（？）を展開する教員や関係者がいる。それは、結果オーライであるか、たまたまその年の参加学生たちが、イベント力に長けていたからに過ぎなかった可能性がある。幾つかの幸運が重なっての成功は、ＰＢＬではあまり価値がなく、評価も難しい。

ＰＢＬで大事なのは、きちんとした方法論を持ち、それによって課題を解決に導くことだ。言い換えれば、幸運と天才に恵まれなくとも、誰がやっても一定の成果を出せる方法論をきちんと学生に教え込むことが重要だ。そうすれば、その学生は、実社会に出てからも、学生時代の経験を応用して、課題解決を牽引していける。

私は、その方法論の中心に「デザイン思考」をおいているが、各大学で、方法論の基本理念は違ってよい（一つの大学において各教員で方法論が違うと学生が混乱するので推奨できない）。私が提唱する「デザイン思考ベースの方法論」は、数ある課題解決手法のワン・オブ・ゼムでしかないのだ。ただ、この「デザイン思考」が課題解決とイノベーション創造には一番適していると、個人的には信じている。

何よりここで力説したいのは、ＰＢＬの担当教員は、それぞれが大学の採用した方法論を以って学生を指導して欲しいということだ。それなしでは、「なんちゃってＰＢＬ」の域を一歩も出ない。加えて、何年たっても成長が期待できない。確かな方法論がベースにあるからこそ、そこに一年ごとの経験値を積重ねて成長できるのだ。方法論なしのＰＢＬなら、ＰＢＬの恩恵は多くを期待できず、それなら、自分たちの手慣れた手法で学生をリードできる従来の卒業研究やゼミ研究のほうがはるかに優れていると言えよう。

第7章

事例紹介（自身のＰＢＬ指導体験）

7-1　ＰＢＬの社会的意義にこだわった

梅光学院大学「光市室積海商通り活性化プロジェクト」

江戸時代は、船が物流（logistics）の主流だった時代だ。日本海から津軽海峡を通って江戸に至る東廻り航路、下関海峡を通って大阪に至る西廻り航路が整備された。この二つの航路によって海運が画期的な発展を遂げた。山口県光市室積は、その航路の重要な港湾の一つを有し、北前船が行き来し、大いに活況を呈した町だった。

その北前船が寄港して船乗りたちが祈願に訪れた普賢寺は、本尊が漁師によって海から引き揚げられたと言い伝えられ、海に生きる海運業者や漁師の厚い信仰を受けてきた。それがゆえに、「普賢さま」(「ふげんさ〜」と、なまって呼ぶ人もいる)と親しみを込めて今も昔も呼ばれている。毎年5月14、15日に開催される「普賢まつり」は、室積最大のお祭りで、現在も続いている縁日だが、江戸時代中・後期には、瀬戸内海一円からの参拝船で御手洗湾(室積湾)がいっぱいになるほどの賑わいだったらしい。

しかし、明治後期以降、物流の中心が鉄道に移り始めると、室積の賑わいは次第に光を失い、歴史の中に埋もれていった。

昭和63年から平成元年にかけて、当時の竹下内閣によって推進された「ふるさと創生一億円事業」の一環として、光市室積は、海商の歴史とロマンを今に呼び戻そうとするコンセプトを掲げ、創生事業の対象に選ばれた。江戸時代から昭和30年代にかけて「磯民」の名で醤油屋を営んでいた豪商礒部家の建物が「光ふるさと郷土館」に改装されたのもこの頃だ。そして、平成4年、「ふるさと室積海商通りの会」が発足し、それを機に、廻船問屋がひしめいたいにしえの栄華をほ

江戸時代、室積は北前船が行き来し、大いに活況を呈した町だった。現在も海商通りには当時の面影が残っている。歴史ある通りと海との営みが織りなす「日本の原風景」は貴重だ。

室積シェアキッチンやボルダリングカフェの室積ベース。若者も集まり始めている。

のかに残す通りは、「海商通り」と命名され、今日に至っている。

海商通りから「あいご」と呼ばれる人一人どうしがすれ違うのがやっとの小道の一つを通って海岸線に向かうと、静かな凪を湛える御手洗湾に出る。その一画は漁港になっていて、幾つもの漁船が繋がれている。人々の生活と海とが一体化した、どこにでもありそうで、実はどこにもないのどかな風景が横たわる。それゆえ、初めてきたのにどこか懐かしい「デジャブ感覚」を味わえたりもする。

歴史ある通りと海との営みが織りなす日本の原風景は、観光が巨大ビジネス化する傾向の中で、商業主義とは別の次元で時を刻んできた。人々の生活の匂いと潮の薫りが混ざり合った通りは、その逆説的「ありふれた希少性」(筆者の造語)によって、訪れた人の心の中で、その価値が再認識されつつある。

この海商通りの再開発に、近年、山口県周南市に本社を置き、自然と経済の融合を目指す多角的な経営で知られる「国際貿易」が乗りだしてきた。室積シェアキッチンやボルダリングカフェの室積ベース、研修センターのアイランドアカデミー等を海商通り周辺において展開中であり、加えて、現在、その一角に情報発信スタジオを建設中である。昔ながらの通りに、ぽつぽつと若者の集まるスペースが誕生してきているのだ。週末ともなると、周辺の周南市、下松市、柳井市、岩国市あたりからも、ショート・ドライブがてら、のどかな海と歴史の薫りを求めて、人々がやってくるようになった。

国際貿易としては、自然環境を整え、そこから得られる自然の恵みを利用し、付加価値の高い食品を生産・販売し、それらを食材にした料理を楽しんで貰える場所を創造し、さらには一連の経済循環を観光にまで繋げたいとする壮大なヴィジョンを描いているようだ。そのヴィジョンを具体的に記してみよう。

室積港から定期船で20分くらい沖にある牛島は、人口40人の小さな島で、そこでは、これまでの常識をはるかに越える手間暇かけた塩づくりが行われている。以下は、その塩づくりを特集したソーシャル・エコマガジン『ソトコト』からの引用だ。

海の浅場では、森のミネラルと酸素を豊富に含む真水と地下海水が混じり合っ

た湧水が出ている。地下水脈を通って、山と海の物質循環が行われており、それらが海底からしみ出している。（中略）良質な塩づくりには、よりよい海底湧水が不可欠だ。そこで牛島では、山の整備から塩づくりを始めている。[1]

この自然の営みを人々の「喜びの体現」に変え、事業を展開しようとしているのが重岡敬之国際貿易社長だ。彼のプランは以下の如くだ。

まず荒れた山の森を間伐し、島の自然環境を整える（0次産業）。山から出た間伐材の薪と良質な海底湧水で塩を造る（2次産業）。さらにその過程で再生された畑では、海藻肥料と塩焚きで出た炭を用いて、土壌改良をしながら、農作物を栽培する（1次産業）。牛島対岸の本土側となる室積地区では、古民家を活用し、牛島の塩や食材を使ったレストランやツーリズムを展開する（3次産業）。

自然環境を整えながら、地域の未利用資源を生かして事業を起こし、それらを地域内循環させる。まさに瀬戸内版の持続可能な新しい経済モデルだ。[2]

この壮大なイノベーション計画を抱く国際貿易から我々に出された課題は、「大学生目線での室積海商通りの活性化」であった。

そこで、我々は、目標を設定するために着想（Inspiration）発案（Ideation）という「デザイン思考」の手順を踏むこととした。まず、プロジェクトメンバーの間から「そもそも、海商通りの地元の人たちは、国際貿易の新たな展開をどう思っているのか？ 意外と変化を望んでないのでは？」というクリティカルシンキング的着想があがった。メンバーが初期調査で海商通りを訪れた際、「国際貿易のやることは、どこへ向かおうとしちょるんか、ようわからん」と不安を口にした地元の有力者（インフルエンサー）が数人いたからである。国際貿易の自然の再生から始めようとする室積活性化の高い志が、一部とは言え、地元の人々に届いていないのは、とてももどかしく感じた。

デベロッパーが入って再開発を図るタイプの先行事例を幾つか調べてみると、地元とデベロッパーの良好な関係がとても重要なことも判明した。こうした初期調査からの着想を仮説に変換し、「海商通りの活性化」には「国際貿易と地元とのより良いコミュニケーションの構築」が必要とする発案（Ideation）を国際貿易に示した。

情報が多ければ多い程いい仮説が立てられると勘違いしているむきからは、「もっと仮説は慎重に立てないとだめだ！」とお叱りを受けるだろう。しかし、多くの情報を収集しているうちにどんどん時間は経っていき、意思決定は遅れに遅れてしまうのが世の常である。今日の現場ではそんな悠長さは無用の長物だ。そんなむきには、内田和成ボストン・コンサルティング・グループ（ＢＣＣ）のシニア・アドヴァイザーの仮説に対する持論を紹介しておこう。

まだ十分な材料が集まっていない段階、あるいは分析が進んでいない段階で、自分なりの答えを持つ。こうした仮の答えを、我々は仮説と呼ぶのだが、その仮説を持つ段階が早ければ早いほど、仕事はスムーズに進む。もう少し詳しく言えば、仕事の速い人は、限られた情報をベースに、人より早くかつ正確に問題点を発見でき、かつ解決策につなげることのできる思考法を身につけているのである。

一方で、仕事の遅い人の特徴は、とにかくたくさんの情報を集めたがることだ。（中略）情報がたくさんないと、どうにも意思決定ができないのである。[3]

我々は、上記の言葉を拠り所に、着想を一気に発案にまで持っていった（振り返れば、「プロジェクトの定義」に中にある、一定の期間内に成果物を出すという概念もスピードアップにつながった）。そして、国際貿易にその発案を受け入れて貰った後、その発案を具体的なかたちで行うために、「国際貿易と地元の人々を結ぶインタビュー」を実装（Implementation）し、「最終的な目標（Goal）」を、「海商通りの人物マップをウェブ上に作製すること」に設定した。

尚、人物マップの人選は、国際貿易関係者、外部から室積に移住してきた人たち、古くから地元に住む人たちをバランスよく配する方針を取ることにした。その編集方針により、ウェブサイト上で、三者の想いや考え方の違いが見て取れるように工夫し、その多様性から、新たな方向性を示そうという話になった。

そして、この「人物マップ」によって、国際貿易と地元の絆が生まれれば、国際貿易という一企業の利益に止まらず、地域社会の共通利益にもなる。すなわち、この「人物マップ」は、「新たな社会的意義」（Innovation）が生まれる可能性を秘めているとも考えた。

課題：大学生目線での室積海商通りの活性化

→ 目標設定までの手順

国際貿易と地元のコミュニケーション不足（着想：Inspiration）

国際貿易と地元のより良いコミュニケーションの構築（発案：Idearion）

国際貿易と地元を結ぶ人物マップのインタビュー（実装：Implementation）

↓

人物マップをウェブ上に作成（目標：Goal）

→ 国際貿易と地元の絆
新たな社会的意義の発生
(Innovation)
社会的評価
(social evaluation)

室積海商通りプロジェクトの課題解決工程のデザイニング（スケジューリング）

初期調査
↓
着想
↓
先行研究
↓
発案
↓
SWOT 分析
↓
フィールドワーク（本格調査）
↓
プロトタイプイベント
↓
広報（KRY ラジオ）
↓
実装（インタビュー）
↓
目標（海商通り人物マップの制作）
↓
最終成果物（ウェブ上に人物マップをアップ）
↓
評価（学内外の成果発表会）

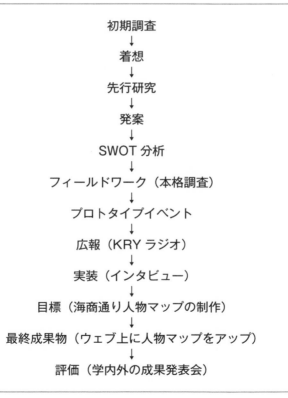

このようにして最終目標が決まって、はじめて、そこに至るまでの工程（process）をデザインできる。第4章で、「課題に対してゴールを設定することが社会連携型ＰＢＬのスタート地点」としたのは、このことを意味する。前ページと右の図が、最終目標（＝最終成果物）から逆算した我々「室積海商通りプロジェクト」のプロセス・デザインである。

こうしていよいよプロジェクトを本格始動させる段階に入った。まず、我々はＳＷＯＴ分析を内部環境（梅光学院大学室積海商通りプロジェクト）と外部環境（国際貿易及び室積海商通り）の両面から行ってみた。

●「内部環境」（梅光学院大学室積海商通りプロジェクト）

Strengths（強み）

・グローバルな視点（海外からの留学生6名、海外留学経験のある日本人学生6名）

・マルティリンガル（日本語、英語、中国語、韓国語、ベトナム語、ネパール語）

Weaknesses（弱み）
・室積のことを殆ど知らない
・理系の学生がいない（データ処理能力不足）
Opportunities（デザイン機会）
・知らない者だからこそ、できることがある
Threats（脅威）
・経験不足

●「外部環境」（国際貿易及び室積海商通り）
Strengths（強み）
・国際貿易による活発な再開発事業
・海と人々の生活との共存（ビーチリゾートとの差異化）
・海商の歴史
Weaknesses（弱み）

・国際貿易の進取性と地元の保守性との間の溝
・アクセスの悪さ
Opportunities（デザイン機会）
・第三者なら国際貿易の進取性と地元の保守性との間の溝を埋められる可能性
Threats（脅威）
・学生への理解不足

「デザイン思考」の真骨頂は、「弱み」を「強み」に変えて、そこに「デザイン機会」を見出すことにある。我々は、室積について何も知らない（弱み）を抱えているが、だからこそ、何のしがらみもなく、真っ白な感覚で現状を分析できる（強み）を有する。

最近なにかとマスコミをにぎわす「第三者委員会」なる存在は、当事者同士の話し合いでは主観と主観がぶつかり合って感情論に走ってしまう点を回避し、冷静かつ客観的に議論を進めるためのものだ。ゆえに、我々も、自分たちの第三者的立場を利用して、国際貿易と地元の間の溝を埋めようと考えた。地元の人たちにとって、我々大学教員や学生になら、地域に新たに参入してきた企業には直接は言い難いことも、少しは言い易いだろうとも思った。ここに至ったのは、内部環境及び外部環境の「弱み」と内部環境及び外部環境の「機会」をクロス分析した結果であった。

ＳＷＯＴ分析及びクロス分析により、課題解決の方向性を固めた我々は、海商通りでのフィールドワーク（本格調査）を実施した。初期調査で知り合った人たちの協力を得て、できるだけ多くの地元の人々に国際貿易の事業展開についての印象を聞いて回った。一日という限られた期間（大学のある下関と室積を往復するのは、バンを借り上げ高速道路で移動しても4時間はかかる）で、それなりの被験者（Questionnaires）を確保するという制約があったので、質問は、「国際貿易の事業展開についてどう思いますか？」の一点に絞った。

その結果55名（年齢層は40代以上が85％：若者はほとんど町に残っていない）

中41人（74・5％）の被験者が「国際貿易の事業展開が目指しているものが分からない」という趣旨の回答をした。この調査により、「そもそも、海商通りの地元の人たちは、国際貿易の新たな展開をどう思っているのか？ 意外と変化を望んでないのでは？」という仮説は成立したと言ってよいだろう。

ここで、いま少し、仮説という概念を掘り下げ、それを我々が想定し検証した仮説に当てはめてみよう。そこでまず、科学作家である竹内薫の仮設に対する概念を紹介してみる。

科学にはじまって、歴史も芸術も政治も経済も、いや、それこそ人生のあらゆる局面も、実は仮説に塗り固められているのです。そして、そういった実態に気がつくか気づかないかによって、世界の見え方はガラリと変わります。世界の見え方が変われば、人生も変わります。むろん、これまでよりもよい方向へ……。[4]

この「あらゆる局面は仮設で成り立っている」とする引用文の主旨から類推(analogy)されるべきは、二者間で問題が生じている場面では、一方はその立場から仮設を立てて、それを定説(established theory)と信じており、他方は別の立場から仮説を立てて、一歩も譲らない。この実態に気づくことで、「世界はガラリと変わり」問題を解決できるということだ。ゆえに、二者がどんな仮設の上に発言あるいは行動しているのだろう、と考えてみた。そうすると、お互いに分かり合える部分も、妥協できる部分もでてくるだろう。その結果、お互いが「これまでよりよい方向へ」向かえるはずだ。

室積海商通りでは、国際貿易側は、活性化には新しい動きが必要で、自然の再生から循環経済を創ろうとする高い志を仮説に立てている。地元側は、国際貿易の高い志を理解できず、新しい動きをビジネス一辺倒のものと捉え、古き良き伝統が破壊されるという仮設を立てている。

我々「室積海商通りＰＢＬプロジェクト」は、この状態を打破するには、国際貿易の「経済の再生を図るために自然の再生から始めるとする0次産業の志」を地元に理解して貰う営為が必要であると考えた。そのために、「それを理解して貰うためのコミュニケーションの場が不足している」とする仮説を立てて、それを検証し、「国際貿易と地元とのコミュニケーション構築」なる発案の正当性を証明したわけだ。前掲の竹内薫は、仮説の有意性について、こう結論づけている。

> お互いが拠って立つところの仮説を気づくことにより、相手の心づもりもそれなりに理解できようというものです。それが現実の世の中でしょう。自分と他人の世界観、そのもとになっているさまざまな仮説。それらを意識することにより、我々は、「共約不可能性」(incommensurability)を乗り越えて、豊かで実りある人間関係と文化を作りあげることができるのです。(中略)世の中を相対化してみると、それまでの自分が採用してきた(頑なな)仮説のもとではまったく見えていなかったことが見えてくることがあります。[5]

山口大学国際総合科学部教授の小川仁志氏を迎え開催した「哲学カフェ・イン・室積」のチラシ

以上のようなマインドセットにのっとって、我々は、早速、発案を行動に移した。「デザイン思考」の初期段階で重要なのは、「プロトタイプ」（最終成果物を見込んで作る最初の模型）の構築であると、第4章で述べた。「国際貿易と地元の人々との間のコミュニケーション不足」という仮説検証を終えた我々のプロジェクトでは、「国際貿易と地元の絆」を強めるためのプロトタイプとして、国際貿易の運営する室積シェアキッチンで、ＮＨＫ Ｅテレの「世界の哲学者に人生相談」で指南役として人気を博し、著書も１００冊を越える小川仁志山口大学国際総合科学部教授を迎え、「哲学カフェ・イン・室積」を主催した。そこに地元の人々を招待して、伝統と進取の融合を図ろうと試みた。

当日は、「違いとは何か?」なるテーマで議論がなされ、単一な組織構造より、異質なものが混ざり合った組織構造のほうが、組織が強化され多様性も生むと結論づけられた。我々の標榜する伝統と進取という異質なものの融合からこそ、新たな価値や意義が生まれる（イノベーションの創出）とする理念と一致する議論展開がなされた。

加えて、国際貿易関係者と地元の人々の前で、我々のプロジェクトメンバーの一人がこれまでの活動の報告（30分）を行った。地元の人々は、学生が自分たちの地区の歴史を調べ、活動中であることに驚いていたように見えた。イベント終了後、自然発生的に数人の方が残り、その場で、国際貿易と地元の人から2名ずつ「人物マップ」のインタビューへの快諾を得た。このことだけとっても、プロトタイプの成果はあったと思う。

加えて、自分たちの活動報告を、先述の地元のＫＲＹ山口放送のラジオ番組「お昼はＺＥＮＫＡＩラヂオな時間」内の「Across the Borders, グローバル世界にCatch Up! というコーナーでも行った（20分間）。このコーナーは、ＰＢＬのいろんなプロジェクトを紹介するもので、学生にはいい体験の場となっている。参加学生は、限られた時間で、キャッチーな言葉を駆使し、簡潔に言いたいことを伝えていくのが、如何に難しいかを身を以って学ぶことになる。

我々のプロジェクトは、「デザイン思考」という課題解決手法に焦点を絞って話を進めた。他大学の出演学生も、できるだけワンフレーズでリスナーの心を捉

「人物マップ」作成のためのインタビュー。インタビュアー、写真担当、記録担当の３人からなるクルーを組んで挑んだ。

えようと努力してくれて、リスナーの間ではこのコーナーは好評だと聞く（おかげで、２０２０年度のコーナー続行が決まっている）。中には、アドリブ的に入れてくるアナウンサーの質問へも、機転の利いたアドリブで切り返す学生もいたりする。おかげで、山口県内におけるＰＢＬへの認知度も結構上がってきた。

このラジオでの中間報告で、我々のプロジェクトの前期の活動は終了した。後期は、いよいよ「人物マップ」のインタビューをしていく実装（implementation）フェイズに突入していく！

その「人物マップ」のインタビューにあたっては、写真の専門家から「対象人物の人柄を表す写真の撮り方、あるいは、その人物をどう見せたいかを反映できる写真の撮り方」等のレクチャーを受けた。さらに、私は、放送局のラジオ・パーソナリティの経験があるので、「どのようにしたら、対象人物の素直な意見や話を引き出せるか」について講義した。加えて、インタビューの録音からどう原稿を起こすかについても、基本的なことは教え込んだ。特に強調したいところ、捨てるべきところの選択に焦点をあてて指導した。そして最後に、「読む人の気持ちになって編集する姿勢」が何より大切と説いた。これらの予備訓練は、インタビュー前に最低限必要だと考えたゆえ実施した。

10月中旬から11月末の毎週土曜日、計6回のインタビュー日を設けた。1回のインタビュー日につき、インタビュアー、写真担当、記録担当の3人からなるクルーを組んで挑んだ。インタビューを受ける人（Interviewees）の構成は、地元の方3名、外から室積に移住してきた方3名、国際貿易関係者3名とした。その理由は、前にも強調したとおり、「人物マップ」作成の目的が、「国際貿易と地元のコミュニケーション構築」だからである。

では、そうした訓練と準備を経て挑んだインタビューを紹介してみよう。尚、＊印は私のコメントである。

☆笹井琢さん（地元の代表的人物で室積海商館のオーナー兼光市市会議員）

――海商通りの魅力は？

「江戸、明治の時代には、海商で栄えた歴史がある。鉄道が通らなかったのが、かえって古い町並みを残した」

――学生が国際貿易とコラボし海商通りの活性化に取り組むことについてどう思いますか？

「ずっとここに住んでいたら、できないことがある。その意味では国際貿易の事業展開には期待感がある。しかし、事業展開するにあたっての地元への説明会等が不足していると感じる。そういうものがあれば、地域の人たちも協力しやすいし、身近に感じる。そういったコミュニケーションの場がないので、地域の人たちの中で、国際貿易の事業展開に不安に感じる人が増えているのかも知れない。学生さんには、国際貿易と地元との溝を埋める橋渡し役を果たして欲しい。学生さんは、ストレートに話したり質問したりする。ビジネスではないので、こちらも接しやすい。下関という、ある意味遠くからの学生さんが、この海商通りに来て、活動してくれるのは有り難い」(光市室積からは、下関市より広島市のほうが近い)

――海商通りがレガシーとして残したいものは？

「歴史と自然の融合。昔の賑わいを取り戻したい」

――海商館の一押し商品は何ですか？

「2階のお食事処で出している石焼き焼きそばは自信がある。そこの座敷からは御手洗湾と象鼻が岬の灯台が見渡せる」

＊笹井さんには、先行研究段階で、梅光学院に赴き、室積の歴史について講義して貰った。地元の人たちから「琢ちゃん」と呼ばれる親しみ易さと実行力が持ち前の頼れる存在だ。歴史を感じさせる風情の海商館の2階座敷からは、明治、大正、昭和初期の人になった気分で、レトロな海を味わえる。

☆**笹井寛子さん**（ささ乃や女将：ささ乃やは海商通りの歴史のシンボル的存在）

――ささ乃やを始めようと思ったきっかけは？

「私は、アプレじゃったですけ〜。なんでも思うたことはやってみようと考えたんです（アプレとは、アプレゲールの日本における略称。第二次世界大戦後、それまでの道徳や物の考え方にとらわれずに行動した若い人々をさした）。竹下首相が行なった『ふるさと創生事業』の支援を海商通りが受けられることになり、たくさんの人がこの海商通りを訪れるようになりました。そこで、なにか軽食を食べる場所が必要じゃあないかと思うて、半分崩れかけていた姉の家を改築してこの店を始めようと思いました」

――今後のささ乃やについて、お話を伺えますか？

「材料等を準備するのが大変なので、80歳でやめようと思うちょります。でも、今まで30年以上お店をやってきたことを無駄にはしたくないから、誰かにお店を渡そうと考えております。高く買ってくれる人を探すのではなく、町を活性化させてくれる人を探すつもりです。そのためには、思い切って安くすることもあり得ます」

――国際貿易のビジネス展開について、どう感じていますか？

「とても応援しちょります。でも、古い町の田舎の方々は、外から入ってきた人を警戒するところがあります。そういう人たちは、新しいものを受け容れる心を持つことが難しいんです。それでも、私も含めて、何人かの人たちは、国際貿易の戦略を理解し、応援団的な思考になっています」（寛子さんは、我々の室積シェアキッチンでのプロトタイプ・イベントに対し、問い合わせの電話もしてくれた）

――学生が海商通りでいろんな活動をするのをどう思いますか？

「大歓迎です。若い人たちが海商通りに店を出すこともこれからあるでしょうから、学生が海商通りで活動をすることに対しては応援しますよ。若い方のほうが実行力があり、見聞が広くていいところがあると思います」

＊さすが若い頃「アプレ」だったことはある進取性をもったおばあちゃんであった。次の世代にバトンタッチするにしても、海商通りに対する愛情は、ひしひしと伝わってきた。ささ乃やの「雑炊ランチ（１０００円）はコスパが高く絶品！」

☆光ふるさと資料館スタッフ（匿名希望）

――ふるさとの活性化のため、室積全体で取り組んでおられることがありますか？

「早長八幡宮秋祭り（３６０年の歴史を持つ）の継承。八幡宮の本殿、鳥居、灯

昔の家は間口の大きさによって税金が決められていた。そのため、この豪商の建物は節税を意図して間口を狭くし奥行きを深くとってある。

篭等をかたどった山車が町に繰り出す。地域の各集落が各山車の曳き回しを受け継いでいる。「エンヤ！エンヤ！」の掛け声で〝八幡さまが町を駆け抜ける〟奇祭」

――室積を訪れる人たちに知って帰って貰いたいことがありますか？

「平安時代までは、室積は室住と呼ばれていた。室とは家のことであり、住みやすい家が立ち並んでいたことを忍ばせる地名。江戸中期が室積の最も繁栄した時代で、北前船が往来し、当時は大阪の堺と同じくらいの町だった。江戸幕府末期、倒幕のための武器、食料を室積港から運んだ。高杉晋作も、室積の土は踏んでいないが、室積の港までは来たことがある。そんな歴史を持ち帰って貰いたい」

――「光ふるさと郷土館」のことで是非知っておいて貰いたいことがありますか？

「この資料館は、醤油屋を営んでいた豪商礒部家の建物を改装したもの。その時代は、武士を見下ろすという印象を避けるため商家は2階をつくることが禁じられていた。そのため、物置として使っていた2階への階段は隠し階段になっている。それをそのまま見学できるように保存してある。また、昔の家は、間口の大きさによって税金が決められていた。だから、この豪商の建物は、節税を意図して、間口を狭くし奥行きを深くとってある（俗にいう鰻の寝床。京都の祇園の家並み等でもこの工夫が施されている）」
＊室積の歴史のことを話し出すと、熱が入って、聞かないことでもどんどん教えてくれる「室積の生き字引」と呼ばれる気のいい方であった。

☆河口雅子さん（ハンドメイドショップ hitohana のオーナー）
――海商通りの魅力は？

「お散歩していた方々がぶらりと訪れてくれるような気軽さが魅力です」

――hitohanaは、どのように始まったのですか？

「私も含めた子育て世代のお母さんたち、それもハンドメイドで何がしかの作品を作っている人たちが集まり、みんなで子供の面倒を見たり、一緒にご飯を食べ、お話をしていました。そんな人たちが集まるお店を作ることができれば、子育てをしながらおやつ代程度の売り上げがあがるんじゃないかなと考えたのがきっかけでした。そんな経緯で、自分で作品を作っている人たちが作品を持ち寄り、売れたら一定の料金をお店に支払って貰うというシステムを思いつきました。これだと、仕入れ資金が要らないから経営的には楽ですよ！」

――お店をしていてよかったことは？

「いろんな人が喜んでくださること。作品を通して、お客さんが喜んでくれて、出展した人が喜んでくださる。それが一番です」

――今後の目標は？

「経営拡大とかは夢にも思ってないです。自分の暮らしとお店がいいバランスで両立すれば、それでＯＫです」

＊スローライフの典型のような方だった。海商通りの「のどけさ」の中では、このスタンスは納得！ 飄々とした河口さんの人となりが清々しい。

☆**木村明美さん**（レストランAKEMIYA umiのオーナー）

――なぜ室積の地にレストランを作ろうと思ったのですか？

「21年前、雑貨屋さんを始めるために室積に移住してきました。ここ10年くらい、世界中を回りながら買い付けをしてきました。そして、現在レストランのある室積港周辺が、とても「ほっとする」感じがしていいなと思いました。ここで『レストランをやろう』と決心しました」

――室積港周辺の「ほっとする」感じ以外にインスパイアされたものは？

「1999年の買い付けでベトナムに行ったときに、フランス人のバレリーに出会い、彼女のベトナムでのライフスタイルや世界観が気に入りました。サイゴン川のほとりにフレンチヴィラがあり、質素な家がとても豊かに見えました。15年間通い続けました。彼女の世界観が出せるようになるために、雑貨屋さんから始め、カフェをやり、レストランAKEMIYA umiに辿り着きました。彼女から受けたインスピレーションのおかげでレストランができたので、彼女の誕生日（6月7日）にお店をオープンしました」

――レストランに若者を呼び込むためにやっていることは？

「若い人を雇用し、若者の新鮮な視野やアイデアを取り込んでいます。海外好きな旅人を短期で雇ったりもしています。彼らは英語が喋れるので、客層を外国人にまで拡げられる利点があります。海外で撮った写真等を展示する個展も企画中です」

――室積をどんな町にしたいですか？

「海外からのインバウンドを増やしたいです。外国人観光客は、典型的な観光地より生活の匂いのする場所が好きな場合が多いので、そんな人たちにとって魅力的な町にしたいです」

――地元の人たちにとって、国際貿易の事業展開はどう映っていますか？

「私は、室積に移住してきた人だから、地元の人たちの室積へのスタンスとは少し違います。地元の人たちと外部から来た人たちが仲良くできるよう橋渡し役を果たしたいと思います」

＊ローカルな展開にこだわるhitohanaの河口さんとは対照的に、木村さんはグローバルな展開にこだわる。地元と国際貿易との距離の取り方が絶妙な木村さんが町の活性化に果たす役割は大きいと思われる。岩国市には米軍基地があり、アメリカ人にも、この海が見えるレストランが知られるといいなと思う。

☆**山本統さん**（コーヒーボーイ副社長）

――海商通りの魅力は？

「新しい建物の中に、昔からの古い家屋が残されているところ。お祭りが多くてとても楽しい。秋祭りでは、普賢寺から早長八幡宮までの道を、有志の人々が集まり山車を引く」

――どうして室積に住もうと思ったのですか？

「海が近くて、子供を育てる環境が整っている。私の生まれ育った上関（NHK連続朝テレビ小説（通称朝ドラ）『鳩子の海』の舞台となった山口県の町）と環境が似ている。うちの奥さんの実家が室積だった点も大きい」

――室積に住む前と住んだ後で変化はありましたか？

「室積に引っ越してからは、決められたレールを走るのではなく、自分の興味のあることで生活していくことが一番だなと思うようになり、前から思っていたライフイメージが確信に変わった」

――室積の活性化には、何が必要と思われますか？

「室積の生活を楽しんで暮らす人がどんどん増えればいいと思う」

――梅光学院大学のカフェで、山本さんの務めるコーヒーボーイのコーヒーが使われるようになった経緯を教えて貰えますか？

「生協の方が、コーヒーボーイの山口店の常連さんだった。そこでクロスライト（学生に対しワンストップサービスが可能なデザイン性の高い本館）のカフェの話になり、私どものコーヒーを使って貰えるようになった。つい最近では、山口大学の新しい複合棟ＦＡＶＯでカフェも始めた」

――コーヒーボーイの今後の目標は？

「山口県だけでなく、全国展開をしてみたい。また、ヨーロッパで海辺のカフェ等も展開してみたい」

＊フットワークが軽く、家族を大事にし、室積生活を楽しみながら仕事をしている MUROKIST（室積を盛り上げようと活動している人たちが考え出した造語）の代表のような人であった。

☆**新井章吾さん**（海藻研究所所長、国際貿易顧問）

――海商通りに移住してこられたきっかけは何だったのですか？

「4年前に光市と周南市で講演したことで、重岡国際貿易社長と知り合いました。それからすぐ国際貿易の顧問となり、室積に移住してきました」

――地元の方々には、国際貿易の事業展開がどう映っているのでしょうか？

「私は海商通りに住んでいるので、地元の人たちと話す機会は、国際貿易の人間としては多いほうです。だから、地元の人たちの考えていることはある程度把握しているつもりです。多くの方は、国際貿易が何を目指しているのか分からない。そうすると、噂だけが一人歩きし、人々の間で不安が募ります。社長のヴィジョンについて詳しく説明すると、分かって貰えると思う。そうしたら、協力してみようかといったマインドが生まれるかも知れない」

――学生が国際貿易と地元を繋ぐ役を果たすには、どうしらいいでしょうか？

「国際貿易と地域の人たちとの対談を、学生が開けばいいかも知れない。学生が両者の良好な関係構築の触媒になれればいいと考えます（大人にはしがらみでできないことがいっぱいありますが、学生にはそれがない）。実現すれば、あなた方学生も達成感を抱くことができますよ。思いついたことは躊躇せず行動に移して欲しいです」

――海商通りで一番気に入っている点を教えてください。

「女性ですね。室積は、女性が頑張っているところ。そもそも光市は歴史的に女性が活躍してきた。そこを広報して欲しいです」

＊この人物マップも9人中5人が女性で、これは偶然ではないと新井さんの話を聞いていて感じた。新井さんにも、梅光学院大学で、室積の循環経済について講義して貰った。

☆鳥居文子さん（国際貿易開発担当）

――鳥居さんは、牛島の塩造りのプロジェクトを牽引されていると聞きましたが、かなり高価ですね、なぜ高級な塩を造ろうと思われたのですか？

「いい塩を造るためには、いい森を育て、山と海の水の循環を良くしなければなりません。また、海の干満は大潮のときが一番大きくなりますが、その満ち潮と引き潮の関係で、月に8日間しか理想的な塩を造ることができません。あるいは、海水の味は、場所によって違います。美味しい海水がないと美味しい塩はできません。牛島のある場所の海水は、本当に美味しくて、違いは歴然です。こうした幾つかのこだわりで、どうしても値段は高くなります。そこで『月が笑う』の『笑う』の語源である『咲』をもってきて、ブランド名を『月咲』（つきえみ）とし、高級感を出しました。ギフト用の商品として広報・販促活動を展開中です。パッケージも木箱と和紙に包むかたちにして、高級感を増しています。加えて、牛島の塩を基点にしたツーリズムも考えています。来春から本格的に始める予定です。そのためには、牛島の塩を使った料理を、海商通りや室積港周辺のレストランにもっともっと開発して欲しいです」

――牛島をどのような観光地にしたいですか？

「牛島には昭和にタイムスリップしたような雰囲気がそのまま残っています。新しいものを入れるのではなくて、そのレトロな雰囲気が醸し出す異空間を大切にしたいです」

――将来の事業展開は？

「牛島の豊かな自然を拡散していきたいです。海外へも事業展開していきたいですが、海外では、塩は調味料の一つとしてしか見られていないです。海外の塩は普通岩塩です。海水から丁寧に塩を造り出すのは、日本を含めたごく僅かな国においてです。ここから説明していく必要があります」

――先ほどソフトクリームに「月咲」をトッピングしていただいて、そのコクのある美味しさにハマりましたが、それ以外の使用法を教えてください。

「あらゆる塩を使用する場面で『月咲』は利用していただけます。例えば、『月咲』は、お酒を飲むときのつまみにもなります。あるいは、フルーツによく合います。特に梨や桃にかけるとそのうまみがぐんと増します」

＊優しい眼差しで話すソフトなイメージとは裏腹に、中身は芯の強い女性という感じの人。新井さんの言う強い室積の女性とは、鳥居さんのような人を言うのだろう。

☆石本淑乃さん（室積シェアキッチン、昼の部統括者）

――シェアキッチンとはどういうものですか？

「昼の部と夜の部で同じキッチンをシェアしているスタイル。室積シェアキッチンは、昼はカフェ、夜はイタリア料理が入っています。子供が小さいので、夜働けない私にはピッタリ！」

――シェアキッチンのお客は、どちらからが多いのですか？

「地元の人が2、3割。光市内、周南市内からでも車があればショートドライブがてらに来る人も多い。外国の方も来てくれたりします」

――海商通りの魅力は？

「アイランドアカデミーから見た海は本当にキレイです。音のない海という感じ。また海商通りの道並みが素晴らしい。猫が沢山いる。魅力は、ぶらりと歩いてみたら分かります」

――シェアキッチンをやってよかったことは？

「シェアキッチンは、もともと牛島産の『月咲』を使った料理を出せたらいいね、というのがコンセプトだったので、それが実現しているので満足です。『月咲』は、野菜にもスイーツにも使いやすい塩です。また、いろんな料理でも使いやすいですよ」

――地元の人たちとの関わりについて、どうお考えですか？

「週一で、店の前で光市の高村農園から仕入れた野菜やお米を売っています。朝から地元のおばあちゃんたちが沢山並んでくれるのは嬉しいです」

――我々の企画した「哲学カフェ・イン・室積」をシェアキッチンでやってみた感想は？

「あんなに人が来るとは思わなかったので、準備が追いつかなかったのは反省しています。今後もいろんなイベントをしていきたいです」

――どのようなかたちでサイトに載せて欲しいですか？

「シェアキッチンのコンセプトが伝わるようにして欲しい。異業種間でもシェアできます。編み物教室、音楽教室、着物の着付け等もＯＫです」

＊室積で働く女性は、自分の生活サイクルを大切にしていると感じる。石本さん

もそんな女性の一人。この室積シェアキッチンのお薦めメニューは、牛島の塩を使ったソフトクリームだ。ソフトクリームという「バタ臭い」（若い人たちにはもう死語の表現かも知れない）食べ物に、日本の伝統的塩造りによる「和」テイストがトッピングされた、和洋折衷の優れものだ！

◎我々が見つけた室積海商通りの秘話

1　海商通りの道路に七、五、三の順序で込まれた礎石

海商通りでは、昔の家屋の礎石が切り出され、道路に埋めてある。地元の人々もその謂れを殆ど知らない不思議ポイントである。地元の人の中には、その存在にすら気づきもしなかったという人さえいた。これに気づいたのは、ベトナムからの留学生で、部外者ならではの気づきだった。

そこで、この謎を調べてみると、以下のことが判明した。竹下内閣の打ちだした「ふるさと創生一億円事業」の支援を受けて、昔の海商通りの家々にあった礎

海商通りの道路に七、五、三の順序で込まれた礎石。

方言「ふげんじゃ」の由来となっている普賢寺。

光ふるさと郷土館（磯屋の名で醤油屋を営んでいた豪商磯部家の建物を改装）に再現されている磯屋の帳場。

石が切り出され、道路にアクセントとして埋め込まれたという。七、五、三で並んでいるのは、近所のお寺や八幡宮で行われる「七、五、三祭り」にちなんだそうだ。

2　方言「ふげんじゃ」の由来

光地区には、お金持ちのことを指す「ふげんじゃ」という方言があった。近隣の周南市出身の私には、幼少期にも思春期にも、その方言の由来を調べてみる程の知的好奇心は、まるでなかった。歳を重ね少しばかり好奇心を増した私は、学生たちと一緒に、この由来を調べてみた。

昔、普賢寺一帯には、多くの豪商が軒を連ねていた。そこで、普賢寺周辺に住む豪商の関係者や家族を「普賢者」と呼ぶようになり、やがて、「お金持ち」を「ふげんじゃ」と呼ぶまでに一般化して方言になったと言う（でも今はあまり使われていないようだ）。

3　「かきいれどき」の意味

お金の「かきいれどき」を漢字表記するとき、「掻き入れ時」と書く人が多い。しかし、本来は、「書き入れ時」と書かれるべきである。

光ふるさと郷土館（磯屋の名で醤油屋を営んでいた豪商磯部家の建物を改装）には、玄関を入ったすぐのところに磯屋の帳場が再現されていて、格子に三冊の帳簿がかけてある。「書き入れ時」という言葉は、帳簿に商品のやり取りを「書き入れることが多くなるほどの商売繁盛ぶり」が語源だ。

以上のインタビューを最終成果物としての「人物マップ」にまとめ上げ、秘話を添えて、国際貿易のウェブサイトにアップした。各アイコンをクリックすると、インタビューが現れる。

以下はトップページに掲載した言葉だ。我々の1年間近い室積での活動への想いを込めたつもりである。

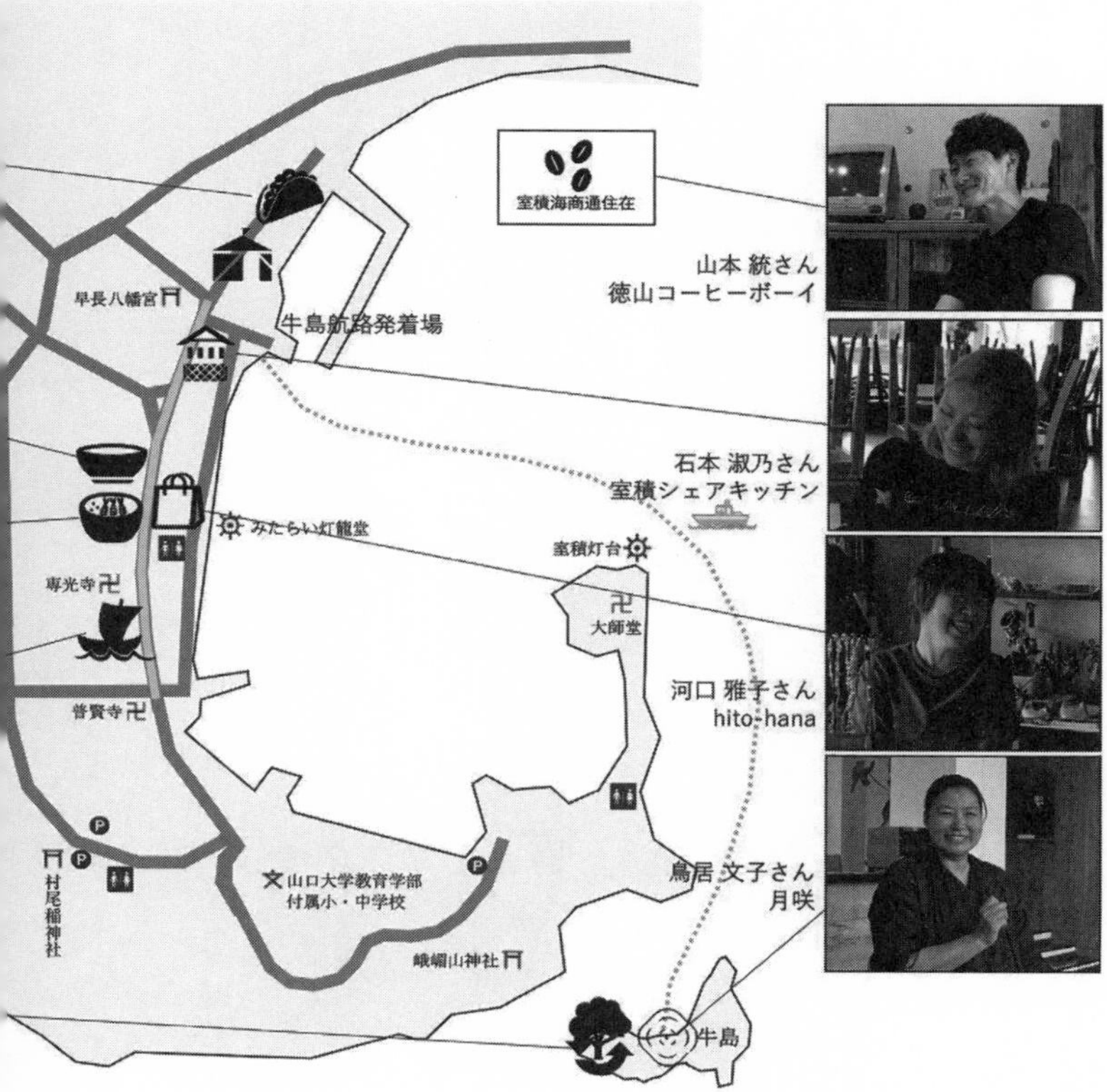
室積海商通住在
早長八幡宮
牛島航路発着場
みたらい灯籠堂
室積灯台
専光寺
大師堂
普賢寺
山口大学教育学部
付属小・中学校
村尾稲神社
峨嵋山神社
牛島
山本 統さん
徳山コーヒーボーイ
石本 淑乃さん
室積シェアキッチン
河口 雅子さん
hito-hana
鳥居 文子さん
月咲

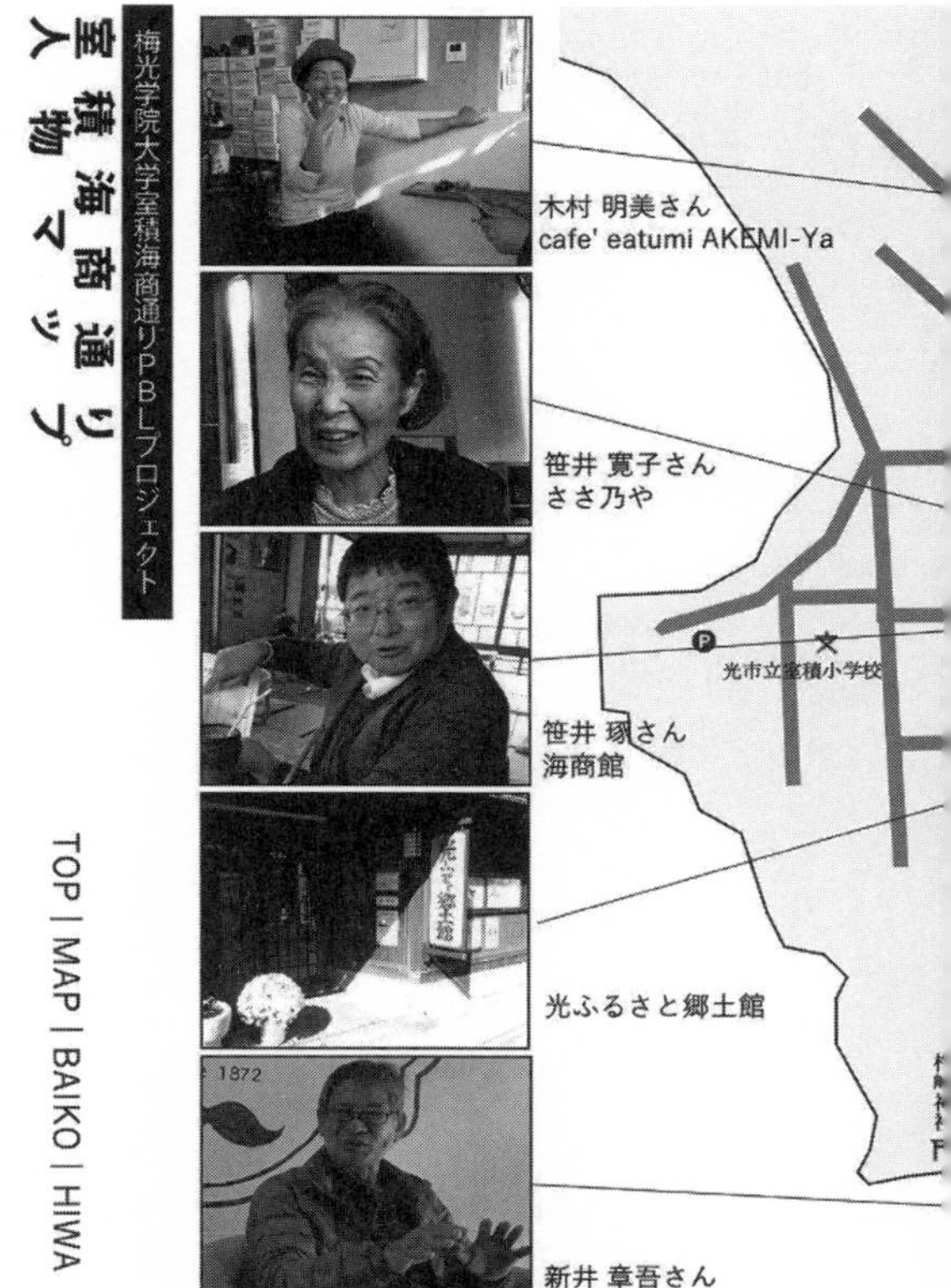

1年をかけて取り組んで完成させた「室積人物マップ」。学生たちの想いが詰まっている。ウェブサイトにアップした。

江戸時代、北前船が運んできた富で栄えた室積、その北前船が寄港して祈願に訪れた普賢寺は、海に生きる海運業者や漁師の厚い信仰を受けてきた。そこを基点に形成された室積の町並みが平成の世の始まりとともに「海商通り」と名を変え、いにしえの栄華を取り戻そうとした。そして、令和の御代に、新しい風が吹き始めようとしている。

我々「梅光学院大学・室積海商通り活性化プロジェクト」は、伝統と進取の融合に、少しでもお役に立てればと思い、「室積人物マップ」を作成しました。初めてきたのにどこか懐かしい「室積海商通り」にかつての賑わいが戻ってくることを願って……。

我々の活動は、パートナーである国際貿易からの課題に何とか応えようとした1年間であった。その我々のささやかな活動により、地元と国際貿易との絆が少しでも強まれば、国際貿易という一企業からの課題を越えて、新たな社会的意義(イノベーション)を生み出すかも知れない。ずっとそれを目指してきたが、本

山口型PBLの実践報告となるイベント「大学生が地域に飛び出したら」のチラシ。

当にそうなるには、もう少し深く地域に入り込む必要があるだろう。それでも、この「人物マップ」は、次年度以降の活動のマイルストーンにはなったと自負している。

幸いにも、次年度の契約延長の約束はゲットできた。この社会連携型ＰＢＬ「山口モデル」の評価は、ひとえにパートナーにリピート契約して貰えるか否かにかかっている。その意味でも、何とか合格点は貰えたと思っている。タスキはつなぐことができた。

パートナーからの評価の下位群に、学内外の中間発表や最終成果発表での評価がある。本プロジェクトでは、学内の中間発表及び最終成果発表に加えて、先述のプロトタイプ・イベント、そして、県主催の「山口モデル」参画4大学による報告会「大学生が地域に飛び出したら」で発表した。厳しい意見や質問にもさらされたが、学外での他流試合の方が、圧倒的に学生のためにはなったと思う。社会に通用するタフな学生は、厳しい批判や評価の中でしか育たないと思う。

次年度は、ウェブサイト上の国際貿易と地元の絆（仮想空間における絆・

virtual reality）という局面（phase）から、直接対話による絆（現実空間における絆：physical reality）という、より具体性と直接性の高い局面にプロジェクトを進化させていきたい。

7-2 音楽社会学をシーズとした周南市立徳山駅前図書館（CCC が運営）との取組み

私は「音楽社会学」（music sociology）という分野が専門である。これまでに、『ビートルズ都市論』（幻冬舎新書：ビートルズとリヴァプール・ハンブルグ・ロンドン・東京との関係を分析）、『ギャツビー&レノン』（近代文藝社：ギャツビーとレノンの共通性をニューヨークとアイリッシュブラッドの視点から分析）、『ロックンロールからロックへ』（近代文藝社：言葉にならない怒りを表現したロックンロールとその怒りを言語化したロックの違いを対比して提示）、『植民地時代から少女時代へ』（太陽出版：日韓史と日本における K-POP 受容との関係性を解析）、『音楽社会学でＪ-ＰＯＰ!!!』（かざひの文庫：歌謡曲からＪ-ＰＯＰへの変遷を時代性とシンクロさせて探求）等を上梓し、自身の研究成果を世に問うてきた。

本の売れ行きと読者の反応は、今やアマゾンのサイトで逐一知れる。しかし、それだけではどこか物足りなさが残っていた。そこで、２０１９年から、周南市立徳山駅前図書館とタイアップして、定期的に自分の研究シーズである「音楽社会学」の成果を、講演会やシンポジウム等のかたちで、問いかけてきた。このフェイス・トゥ・フェイスの場は、私に、今までにないソウル・トゥ・ソウルの臨場感を与え続けてくれており、正直言って、現在私はこの魅力にハマっている。

そこに、学生を巻き込めば、研究者の研究シーズに合わせたＰＢＬが完成し、「山口モデル」に新たな側面が加わり、さらなる多様性を生むと思う。そこで、その進捗状況を、道半ばではあるが示してみよう。

周南市立駅前図書館は、２０１８年2月にオープンし、年間入館者数１００万

『音楽社会学でJ-POP!!!』
福屋利信／太陽出版

人の目標に対して、２００万人を達成した。2年目の２０１９年は、1年目の年間入場者数を維持するのは難しいと思われたが、またしても２００万人を越えたと聞く。衰退の一途をたどる地方の中小都市の中に在って、大都市に負けないオシャレな空間創造が売りの注目のスポットだ（スタバだって入っている！）。また、年間を通して、何らかのイベント（コンサート、展示会、シンポジウム等）を行っているクリエイティブ・スペースでもある。

２０１９年2月に、開館1周年記念の「きさらぎ文化祭」にて、当時の私としては最新刊であった『音楽社会学でＪ-ＰＯＰ!!!』をそのままタイトルにした講演会を開催させて貰った。そのときは、まだ学生を巻き込むことは思いもよらず、自分のパフォーマンスのことで頭がいっぱいだった。それでも、定員80名を越えるオーディエンスが集まり、米軍基地から始まった和製ポップスがＪ-ＰＯＰへと進化していった過程を、私自身の言葉と映像で直接語りかけてみた。語り終えたとき、企画段階から関わり、その企画をきちんと実装できた心地よい疲労感の中で、「これを何とかＰＢＬにつなげられないか」という思いがぼんやりではあるが沸いてきた。

加えて、これまで勤務先の山口大学のキャンパスのある山口市と宇部市を起点にしてきた地域活動を、生まれ育った周南市でも展開してみたいとも考えるようになった。周南市ＰＨ通りにオフィスを構えたのもその頃であった。そのオフィスSMALL TOWN TALK主催、周南市立駅前図書館共催で２０１９年６月に開催したのがTHE BEATLES NIGHT TALK &LIVEである。

私は（思い切って言ってしまうと）、日本で５本指くらいには入ると自負するビートルズ研究者だ。先述の『ビートルズ都市論』では、ビートルズの生まれ育ったリヴァプールが奴隷貿易と綿花貿易で栄えた街であり、そのことがビートルズ誕生の社会的背景として重要な位置を占めたことを主張した。リヴァプールで競りにかけられ、大西洋を渡ってアメリカの綿花畑で働かされた黒人奴隷たちが発達させたブルースが、ロックンロールに進化し、そのレコードが綿花貿易の船乗りたち（イングランドの船会社の名前にちなんでキュナード・ヤンキーと呼ばれた）によって、リヴァプールの港にもたらされた。

ジョージ・ハリスンは、「父は船乗りだった。父は、アメリカでレコードを何枚か買ってきていた。その中の『ウェイティング・フォー・ザ・トレイン』が僕をギターに向かわせたんだ」[6]と史実を実証する発言をしている。また、斎藤節雄は、『ビートルズのここを聴け』の中で、「リヴァプールには、ニューオリンズとの直接の往来によって、少なくとも当時のロンドンより早く、アメリカの曲が持ち込まれていた」[7]とし、リヴァプールとニューオリンズ間の奴隷貿易と綿花貿易が齎した音楽的影響を分析している。ロンドンのヒースロー空港がイングランドの物流の中心になったのは、飛行機時代が到来した1960年代以降のことであり、それまでは、海外貿易における物流輸送の主流は船舶であった。

その『ビートルズ都市論』の最終章では、1966年の「ビートルズ東京公演」と日本の高度経済成長、武道館使用問題（右翼の使用反対キャンペーン）、教育委員会の介入（ビートルズ東京公演に参加した生徒には罰則を与えると宣言）、1970年安保の警備体制構築へのシミュレーション（1万人の収容人数に対して1万人の警官を配した）等を関連づけて、「ビートルズ東京公演は、単なる音楽事象ではなく、社会現象であった」[8]と主張した。その最終章を英訳して、Amazon Kindle から *The Beatles' Untold Tokyo Story:Music as a Socio-Political Force* と題して、電子書籍のかたちで持論を世界に問うた。

その挑戦がリヴァプールに届いた！　リヴァプールで絶大なる人気と信頼を得ている世界的ビートルズ研究家のデヴィッド・ベッドフォードが、私の電子書籍を非常に高く評価してくれて、私にメールをくれた。幾度かメールをやり取りした後、いつかリヴァプールで会おうということになり、1年後、筆者はついにリヴァプール行きの機会を得た（無理やり作った）。その際、泊まっていた「ハード・デイズ・ナイト・ホテル」のロビーでデヴィッドに会うことができた。話は止めどなく続き、気がついたら4時間が経っていて、当然の成り行きですぐ近くの「キャヴァーンクラブ」で飲むことになり、そこに彼の友人たちも駆けつけて、大宴会になった。

それは筆者にとって、かけがえのない時間となった。このときほど、世界に向けて発信したことの意義を実感できた瞬間はなかった。ビートルズの生まれ育っ

2019年に開催した「THE BEATLES NIGHT TALK &LIVE」。ビートルズ東京公演秘話を話した。

たリヴァプールに、自分の仕事を評価してくれた人たちがいたという事実に、ただただ幸せを感じていた。

ちなみに、デヴィッドの著書『リディプール』は、リヴァパデリアンにしか持てない視点からの記述が満載で、筆者のビートルズ研究に対する視野を大きく広げてくれた大書だ。

以上の経緯で、THE BEATLES NIGHT TALK &LIVEでは、「ビートルズ東京公演」を扱うと決めた。『ビートルズ都市論』で示した「あまり語られたことのないビートルズ東京公演秘話」を、私が生まれ育った周南市で展開できたことは、本当に感無量だった。そして後半は、元センチメンタル・シティ・ロマンスの中心メンバーで、最近では、「ビートルズの一人弾き」(ビートルズのメロディー、リズム、ベースラインをアコースティックギター1本で弾きこなす)告井延隆(自身は「ビートルズ一人弾き語らず」と称している)を迎えて、エバーグリーンなビートルズ・ナンバーを堪能して貰った。

その企画段階で、山口芸術短期大学の学生にポスターの作成を依頼した。上の

『台湾の表層と深層』
福屋利信／太陽出版

写真では分からないのだが、色使いと構成が抜群で、その道のプロたちからも高い評価を得た。告井さんもとても気に入ってくれて、「あとでＰＤＦで送っといてね」と懇願したくらいだ。今回は、私の研究シーズをベースにしたイベントに、少しではあるが学生の力を活かすことができた。ステップ・バイ・ステップでいこう。

２０１９年11月に開催した第3弾は、第5章で少し触れた「歴史を未来につなぐシンポジウム：台湾と山口のつながり〜過去、現在、未来〜」であった。周南市は、第4代台湾総督児玉源太郎を輩出した地だ。日本が台湾を統治していた頃、児玉源太郎は、「私の職務は、台湾を治めることで、討伐することではない」[9]なる明治の軍人らしからぬ人道主義のもとに、台湾の近代化に心血を注いだ故郷の偉人だ。台湾の民は、台湾史上初めて、信頼できる支配者を得て、官民が心を一つにして近代化に邁進していった。
台湾の親日感情の源泉は、児玉源太郎の治世と嘉南大圳と呼ばれる水路（烏山

2020年2月に開催した音楽社会学講演会「イムジン河からBTSへ」のチラシ。

頭ダムから嘉南平野一帯に細かくはりめぐらされた水利設備）を作った八田與一にある（その右腕となった技師は山口市出身の蔵成信一であった）。拙書『台湾の表層と深層：長州人の熱情と台湾人のホンネ』は、台湾の親日感情に児玉をはじめとする長州人が大きな貢献を果たしたことを記述している（ちなみに、台湾の教育の父と呼ばれているのは吉田松陰の甥・楫取道明であり、台湾の鉄道の父と呼ばれるのは厚狭出身の長谷川謹介であった。また、東部開発の父は、萩出身の賀田金三郎だった）。

シンポジウム第1部の「過去」では、西﨑博史・児玉源太郎顕彰会事務局長に、児玉源太郎と徳山とのつながりの深さを論じて貰った。第2部の「現在」では、私が香港の不安（一つの中国）を共有する台湾の人々の心情を解説した。そして、第3部の「未来」で、山口大学国際総合科学部美祢市ＰＢＬプロジェクトの学生が、美祢市への台湾からの観光インバウンド増を狙う活動の一端を披露してくれた（内容は第5章を参照）。第3弾で、やっと、ＰＢＬ活動を自分の研究シーズに組み込めたと実感している。しかし、まだまだ道半ばである。

２０２０年２月24日には、第４弾として、「イムジン河からＢＴＳへ」と題した日本のＫ‐ＰＯＰ受容に関する私の講演を予定している。私は、ここ十数年、日本のＫ‐ＰＯＰ受容と近現代日韓史とをリンクさせて音楽社会学の立場から研究を継続してきた。その成果として、２０１３年、『植民地時代から少女時代へ：反日と嫌韓を越えて』を上梓した。その中で、李明博大統領の竹島（独島）上陸後の日本のＫ‐ＰＯＰ排斥を扱っている。そのときのＫ‐ＰＯＰを遮断した日本社会のスタンスと、２０１９年の日韓関係史上最悪の状況下でのＫ‐ＰＯＰ受容を比較してみたい。

大打撃をくらった２０１３年に比べて、従軍慰安婦問題、徴用工問題、ＧＳＯＭＩＡ問題と、日韓の間に課題は山積みなのに、２０１９年から２０２０年にかけてのＫ‐ＰＯＰ受容は、何の影響も受けていない。ＴＷＩＣＥは、２０１９年、３年連続の紅白出場を果たしたし、ＢＴＳの人気はもはや宗教的ともいえる。アイドルには珍しく「強い女」のイメージを打ちだした

BLACKPINKも健闘している。「カワイイ」が主体の日本の女性アイドルシーンにおいて、「キレイ」が売りの少女時代、「カワイイ」と「キレイ」を絶妙のバランスでミックスさせたTWICEまでは受け入れられたが、果たして「ツヨイ」が売りのセクシーアイドルグループBLACKPINKが何処まで受容されるか、興味が募る。

今回は、学生たちに企画段階から関わって貰いたいと考えている。そこでPBL手法を上手く取り入れることに成功すれば、研究者の研究シーズベースのPBLを「山口モデル」に加えることを射程内に捉えることができよう。「山口モデル」は多様性と質保証を追及するフェイズに入ったといえる。

1 『ソトコト第22巻第1号』（株式会社sotokoto online、2019）66。
2 前掲同書、67。
3 内田和成『仮説思考：BCG流問題発見・解決の発想法』（東洋経済新報社、2006）15-16。
4 竹内薫『99.9%は仮説：思い込みで判断しないための考え方』（光文社新書、2006）36。

5 前掲同書、227-228。
6 The Beatles. *The Beatles Anthlogy*. San Frabciscoo: Chronicle Book, 2000. 27.
7 斎藤節雄『ビートルズのここを聴け』（シンコー・ミュージック、2001）86。
8 福屋利信『ビートルズ都市論』（幻冬舎新書、2010）204。
9 江宮隆之「児玉源太郎」『歴史街道：児玉源太郎と台湾』（PHP 研究所、2016）40。

おわりに

ＰＢＬで地域が変わり、世界が変わる

大学教員の果たすべき役割は、ずっと長いこと研究と教育だった、クルマの両輪に喩えられ、この二つのバランスは、大学教員それぞれの裁量に任されてきた。自分を研究者か教育者か、どちらに重点をおいてカテゴライズするかによって、そのバランスは変わってもよかった。

だから、大学教員たるものは、この二つを念頭において仕事をしていれば、誰からも文句のつけようのない業績を残し、助教、講師、准教授、さらに最終ゴールである教授へと昇進の道を突き進んでいくことができたのだった。

最近では、その二つに新しい「地域貢献」という使命が加わった。

一昔前まで、大学は、地域社会とは隔絶されていても、何とかやってくることができた。

「我々は、純粋な理想や理念を教える学問の府であり、ある意味、不純の混在を構造的（宿命的）に内包する現実社会とは、一線を画すべきだ」といった理念が、昭和まではまかり通っていたと記憶する。

それが、平成を通して、大学の社会参画の重要性が徐々に叫ばれるようになり、令和の時代の到来とともに、大学に求められる「地域貢献」は、もう要望ではなくて、使命に格上げされた観がある。

使命という日本語は英語ではmissionと訳される。広義には役目、任務という意味だが、狭義には神からの命令である。だからその使命を与えられた者は「伝道師」（missionary）と呼ばれる。つまり、「地域貢献」は、大学教員にとって、政府という「お上」から与えられた使命となり、我々大学教員は「地域貢献」の伝道者に任命されたわけだ。今や、その使命を果たさなければ、大学と大学教員は、令和の時代に生き残っていけない様相を呈してきた。

私がこの本を上梓しようと決心した背景には、「社会連携型のＰＢＬは、学生に能動的態度を植えつける格好の学びの場であると同時に、大学教員の地域貢献に対する意識改革への優れたツールにもなる」という信念があった。その信念を『大学教授よ、書を捨てよ、街へ出よう』なるこの本のタイトルに込めたつもりだ。

学生と一緒に街へ出れば、ときには現実の壁にぶち当たり、大学教授としてのプライドが傷つけられることもあるだろう。しかし、プライドには、死んでも守らなければならないプライドと捨てなければならないプライドがあり、ＰＢＬで街に出たときの大学教員のプライドは、後者であることに間違いはない。

我々は、大学の教員としての意識を世の中の動きに合わせて最適化し、街の中に飛び込む勇気を持たなければならない。そうしないと、大学と大学教員は令和の時代を生きていけないのだ。我々は、躊躇している場合ではない。

私は、本書で、かなり大学教員に辛辣な物言いをしたと思う。ときには暴言めいていたかも知れない。

しかし、これだけは最後に言っておこう。私は決して大学教員の力量を否定しているのではない。21世紀の大学教員が「地域貢献」なしに存在し得ないのなら、ここは覚悟を決めて貰い、「一緒にがんばりましょう！」と言いたいのだ。

私一人の力なんて微力なものだ。一人では何もできないに等しい。だから、一人でも多くの大学教員に、加えて、地域のパートナーズに、そして何より大学生諸君に、力を貸して欲しいと願うばかりだ。

皆で「書」と「スマホ」を捨てて「街へ出よう」ではないか。そうすれば、ＰＢＬは、関わった全員に、何らかの成果（fruits）を齎してくれるはずだから……。

私は、これまでの「地域貢献」の経験を生かして、新しく日本に持ち込まれた体験型学習であるPBLの伝道師の一人として、大学教員としての最後の使命を果たしたいと思う。2020年度からは、現在の本務校である山口学芸大学の学生たちとNTT西日本山口支店とのPBLプロジェクトをファシリテイトする。「ICTによる地域貢献」が課題だが、ICT音痴の私がどこまでやれるか、不安は募るが限界までやってみよう（Take It to the Limit, One More Time!）。そして、2021年には「古希」を迎えるが、そのときが来ても、現役で「こき」使われる立場にいたいと願う。

なぜなら、私は、本書の「はじめに」で述べた通り、緩やかな老後とともに緩やかに酸化して錆びついていくより、激しく酸化して燃えつきたいのだ。そうすれば、1、2年後、かつてSMAPが歌ったように「あの頃の未来に、私は立っていられる」のかも知れない。

ＰＢＬで地域が変わり、世界が変わることを祈りつつ……。

最後に、社会連携型ＰＢＬの「山口モデル」構築に多大な尽力をいただいた山口県政策企画課の方々、参画大学である山口大学、山口県立大学、梅光学院大学、徳山大学の関係者の方々、そして、「山口モデル」構築に際し、企業・地方自治体とのマッチングを担当していただいた平原克己コーディネイターには、この紙上を借りて、感謝の意を表したい。

令和2年1月

福屋　利信

著者プロフィール　**福屋利信**（ふくやとしのぶ）
1951年山口県生まれ。山口学芸大学教授、梅光学院大学客員教授、台湾・開南大学客員教授。
音楽社会学、アメリカ文学、近現代アジア論、英語教育が専門。近年では、「プロジェクト型課題解決学習（PBL）」の先駆者として、全国的な活動を展開中。代表作は、『ビートルズ都市論』（幻冬舎新書）、The Beatles' Untold Tokyo Story（Amazon Kindle: e-book）、『ギャツビー＆レノン』、『ロックンロールからロックへ』、『グローバル・イングリッシュならフィリピンで』、（近代文藝社）、『植民地時代から少女時代へ』（太陽出版）、『台湾の表層と深層』、『音楽社会学でJ-POP!!!』（かざひの文庫）。

大学教授《だいがくきょうじゅ》よ、書《しょ》を捨《す》てよ、街《まち》へ出《で》よう
「プロジェクト型課題解決学習《がたかだいかいけつがくしゅう》」（PBL）進化論《しんかろん》
著者／福屋利信《ふくやとしのぶ》

2020年4月8日　初版発行

発行者　籠宮啓輔

発行所　太陽出版
〒113-0033　東京都文京区本郷4-1-14
電話03(3814)0471　ＦＡＸ03(3814)2366
e-mail:info@taiyoshuppan.net　http://www.taiyoshuppan.net

印刷・製本　モリモト印刷
装　丁　緒方徹

ISBN978-4-88469-995-6